Anke M. Leitzgen & Lisa Rienermann

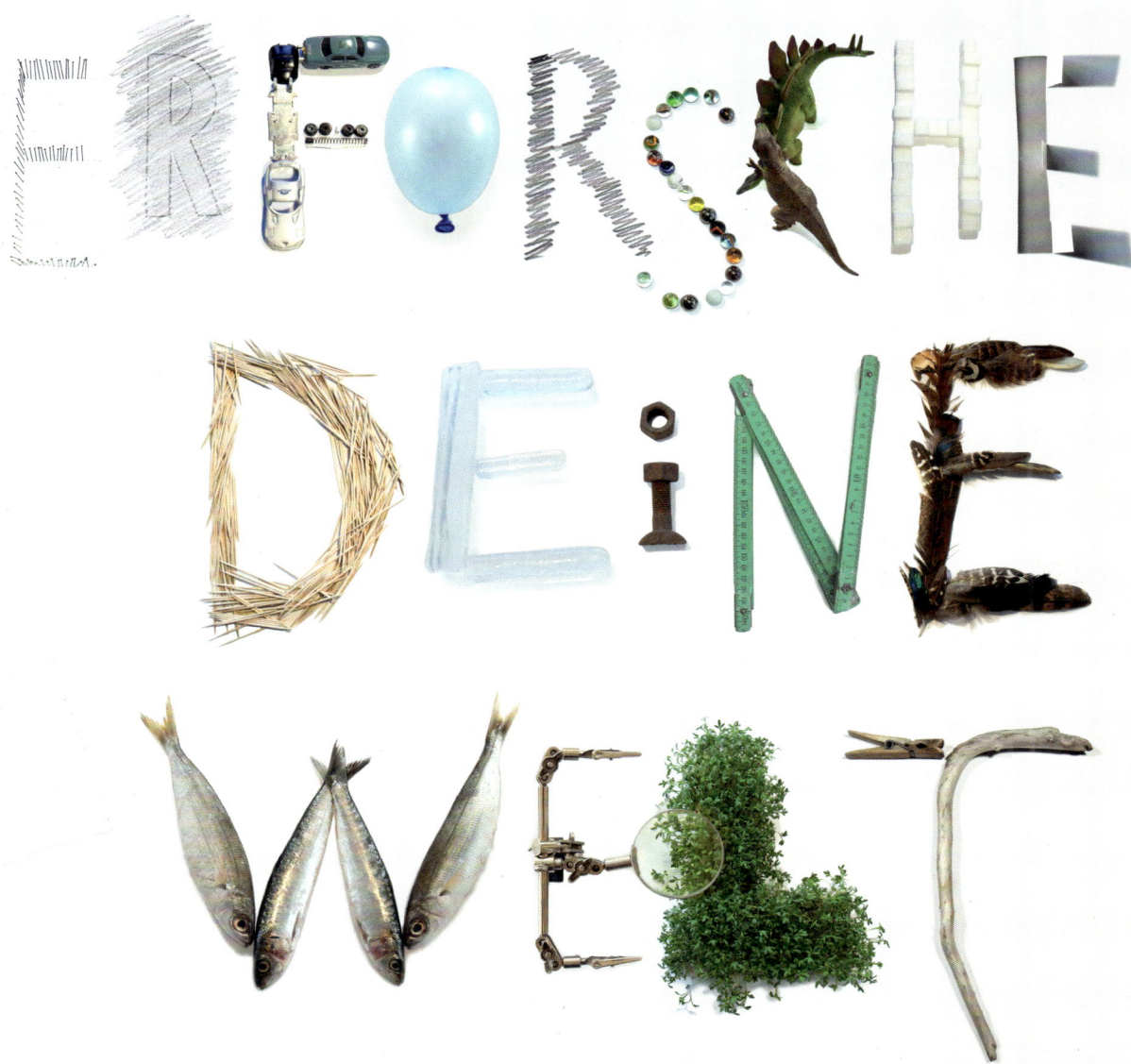

ERFORSCHE DEINE WELT

MIT 100 FORSCHERFRAGEN DURCHS GANZE JAHR

Forschen lernen für Kinder

BELTZ & Gelberg

Was?
Das steht drin!

Was steckt dahinter?
24 Forscherfragen, um den Dingen so richtig auf den Grund zu gehen. Für jeden Monat im Jahr gibt es zwei spannende Themen.

-- JANUAR ▷ Was macht eine Mütze warm? ▶ 12
-- JANUAR ▷ Warum ist es im Winter kalt, auch wenn die Sonne scheint? ▶ 16
-- FEBRUAR ▷ Was machen die Sterne tagsüber? ▶ 20
-- FEBRUAR ▷ Wie kann man aus kleinen Dingen etwas Großes machen? ▶ 24
-- MÄRZ ▷ Wo verstecken Bäume im Winter ihre Blätter? ▶ 28
-- MÄRZ ▷ Woher können wir wissen, wie ausgestorbene Tiere ausgesehen haben? ▶ 32
-- APRIL ▷ Warum kommen die Vögel im Frühling zurück? ▶ 36
-- APRIL ▷ Wie entsteht ein Regenbogen? ▶ 40
-- MAI ▷ Wie entsteht ein Schatten? ▶ 44
-- MAI ▷ Warum ist der Himmel blau? ▶ 48
-- JUNI ▷ Was macht Pflanzen grün? ▶ 52
-- JUNI ▷ Woher weiß eine Pflanze, wie sie ihre Blätter anordnen muss? ▶ 56
-- JULI ▷ Wie entsteht Schimmel? ▶ 60
-- JULI ▷ Wie trinken Blumen Wasser? ▶ 64
-- AUGUST ▷ Warum ist es in schwarzen Autos heißer als in weißen? ▶ 68
-- AUGUST ▷ Wie schafft man Erinnerungen? ▶ 72
-- SEPTEMBER ▷ Wie vermehren sich Pilze? ▶ 76
-- SEPTEMBER ▷ Wie kann man ein Geräusch sichtbar machen? ▶ 80
-- OKTOBER ▷ Wie verändern Blätter ihre Farbe? ▶ 84
-- OKTOBER ▷ Wie entsteht Erdboden? ▶ 88
-- NOVEMBER ▷ Wie kann man Papier mit Mehl kleben? ▶ 92
-- NOVEMBER ▷ Warum verändert sich der Mond ständig? ▶ 96
-- DEZEMBER ▷ Warum gefriert Wasser mal weiß und mal klar? ▶ 100
-- DEZEMBER ▷ Welche Spuren kann man im Schnee finden? ▶ 104

Warum ist das so?

24 Forscherfragen, um in fünf Minuten mehr von der Welt zu verstehen.

-- Warum klebt Wasser? ▶ 110
-- Wieso braucht man Seife? ▶ 111
-- Wie funktioniert eine Batterie? ▶ 112
-- Was macht elektrisch? ▶ 113
-- Was macht Papier stabil? ▶ 114
-- Was können wir von Pflanzensamen lernen? ▶ 115
-- Was braucht eine Kerze zum Brennen? ▶ 116
-- Wie kann eine Kerzenflamme einen Schatten werfen? ▶ 117
-- Warum haben wir zwei Augen? ▶ 118
-- Wie sieht man (noch) mehr? ▶ 119
-- Wie kann man herausbekommen, wie es früher wirklich war? ▶ 120
-- Wie kann man langsame Veränderungen sichtbar machen? ▶ 121
-- Wie findet man sich am Sternenhimmel zurecht? ▶ 122
-- Wie kann man von oben auf die Sterne gucken? ▶ 123
-- Wie züchtet man Fruchtfliegen? ▶ 124
-- Woran erkennt man ein Insekt? ▶ 125
-- Was passiert mit dem Wasser, wenn man den Eimer auf den Kopf stellt? ▶ 126
-- Was trocknet nasse Sachen besonders schnell? ▶ 127
-- Wie kann man Bäumen beim Trinken zuhören? ▶ 128
-- Wie erkennt man im Winter eine Birke? ▶ 129
-- Warum mögen sich Öl und Wasser nicht? ▶ 130
-- Warum können manche Dinge schwimmen? ▶ 131
-- Weshalb sieht unter Wasser alles größer aus? ▶ 132
-- Was ist wie lang und warum? ▶ 133

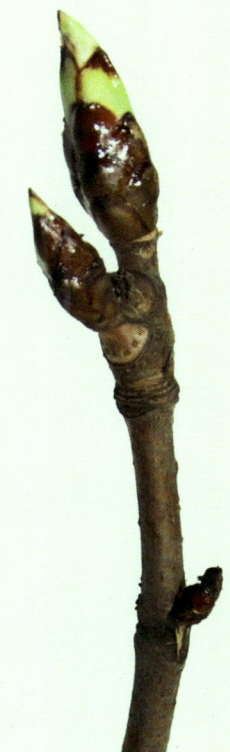

Was kann man erforschen?

52 Forscherideen, um komische und verrückte Sachen herauszufinden. ▶ 134

Wie werde ich Forscher?

Das Forscher-Abc: 18 schlaue Methoden, um die Welt besonders gut erforschen zu können. ▶ 142

Warum? Darum geht's!

Forschen ist fantastisch! Denn es macht einem klar, warum etwas so und nicht anders ist. Egal, ob es sich dabei um riesige Dinge wie Sonne, Mond und Sterne handelt oder um winzige Wassermoleküle, die nach dem Haarewaschen das Kämmen schwer machen.

▶ Die ganze Welt steckt voller Wunder, man muss sich nur umschauen. Bestimmt hast du auch schon oft gedacht: „Das ist ja merkwürdig!" Etwa so: „Merkwürdig, dass man tagsüber gar keine Sterne sehen kann." Oder: „Komisch, dass das Brot schon wieder schimmelig geworden ist." Und: „Eigenartig, dass unter Wasser alles größer aussieht." In diesem Buch geht es darum, dass du mehr darüber erfährst, WAS hinter vielen Dingen steckt, und vor allem darum, dass du immer wieder ausprobieren kannst, WIE man es herausfindet. Im Forscher-Abc ab Seite 142 kannst du deshalb nachlesen, mit welchen Tricks und Techniken Wissenschaftler arbeiten und welche sie selbst nutzen. Das Gute daran ist: Sobald du dich mit dem Forschen auskennst, kannst du dieses Wissen immer und überall anwenden, falls du wieder einmal denkst: „Merkwürdig ..."

▶ Weil es oft aber gar nicht leicht ist, genügend Zeit zum Forschen zu finden, gibt es in diesem Buch viele praktische Ideen, wie es trotzdem klappt. Im ersten Kapitel findest du deshalb zwei Forscherfragen für jeden Monat. Sie sollen dir auf einen Blick zeigen, was du gerade jetzt erforschen könntest. Such den entsprechenden Monat heraus, und du kannst sicher sein, dass die Forscherfrage zur Jahreszeit passt. Im zweiten Kapitel gibt es Fragen, mit denen man sich sogar dann beschäftigen kann, wenn man es besonders eilig hat.

▶ Noch etwas: Es ist nicht ausgeschlossen, dass deine Eltern die Forscherfragen in diesem Buch genauso spannend finden wie du. Sei großzügig, lass sie mitmachen! Im Team macht Forschen sowieso noch mehr Spaß. Logisch, mehrere Forscher finden ja meist mehr heraus. Und: Sie haben zusammen verrücktere Gedanken. Denn auch das ist wichtig: Zum Forschen gehört es dazu, dass man die Welt (oder wenigstens sich selbst) manchmal auf den Kopf stellt. Darum findest du im dritten Kapitel viele ungewöhnliche Ideen, die zum Ausprobieren herausfordern. Doch egal, um welche Frage oder Idee es sich gerade dreht, auf jeder einzelnen Seite geht es um dich. Denn die Welt braucht kluge Köpfe, die wissen, wie man einer Sache richtig auf den Grund gehen kann – so wie du einer bist.

Die Welt wartet darauf, von dir erforscht zu werden.
Bei einigen Sachen lohnt es sich besonders, sie mal ganz
genau unter die Lupe zu nehmen.
Zum Beispiel bei den folgenden Forscherfragen:

Was macht eine Mütze warm?

Januar

Diesen Satz kennst du bestimmt: „Zieh dir warme Sachen an!" Hier kannst du erforschen, woher die Wärme in den Sachen kommt.

Deine Forschersachen
-- ein Thermometer
-- Stift und Papier
-- ein dicker Pullover
-- eine Mütze
-- ein Schlafsack oder eine Decke
-- eine Vase
-- ein großes Glas
-- ein Topf

Hier kannst du ▶ messen ▶ protokollieren ▶ vergleichen

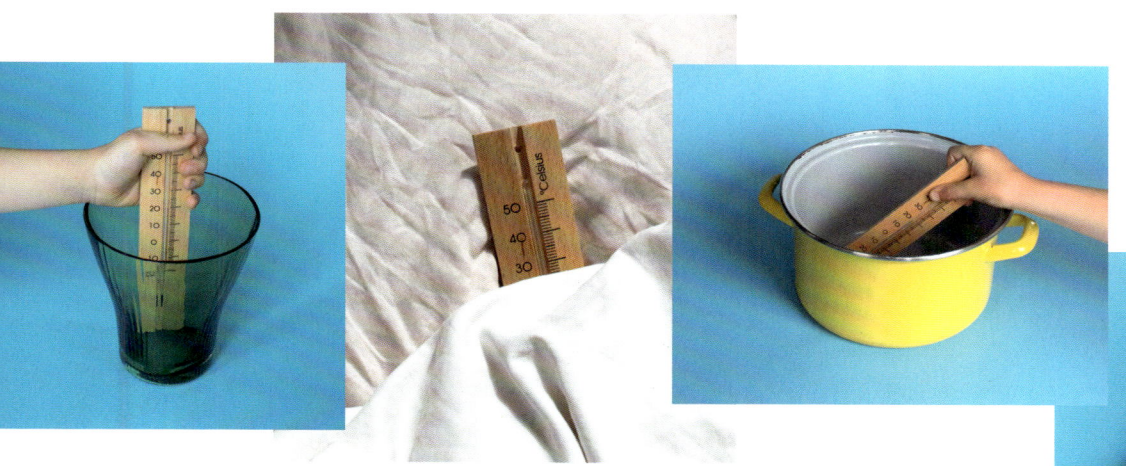

Was hält dich warm?
▶ Wenn man an eisigen Wintertagen nach draußen muss, gibt's nichts Besseres als dicke Winterkleidung: eine wattierte Jacke, gefütterte Schuhe, mollige Handschuhe und eine Mütze. Aber hast du schon einmal darüber nachgedacht, woher die Wärme in den Sachen kommt? Nein? Dann rate doch mal! Anschließend kannst du untersuchen, ob das auch stimmt:

Losforschen!
▶ Überleg einmal: Welche Sachen findest du bei euch zu Hause warm? Und welche Sachen kommen dir kalt vor? Du brauchst davon jeweils drei Dinge, die du auf dem Boden oder einem Tisch auslegst. Fertig? Dann schreibst oder malst du eine Liste mit allen Gegenständen. Mit dem Thermometer misst du nacheinander die Temperaturen. Das dauert immer einige Minuten, bis das Thermometer den höchsten Wert anzeigt. Schreib die Zahl auf, und zwar immer direkt hinter den Gegenstand, dessen Temperatur du gerade gemessen hast. Wenn du fertig bist, vergleichst du die Zahlen. Vermutlich sind alle fast genau gleich – wie konnte das passieren?

Welches Geheimnis steckt in der Mütze?
▶ Kaum zu glauben: Sachen sind nicht kalt oder warm! Sie haben immer genau die Temperatur der Luft, die um sie herum ist. Aber du bist meist wärmer als die Luft, vor allem im Winter. Damit du nicht frierst, musst du deine Wärme vor der Kälte schützen – zum Beispiel mit einer Mütze. Die hält dich warm, weil sie deine eigene Wärme nicht rauslässt. Um das zu überprüfen, setz mal die Mütze auf und miss die Temperatur darunter.

Warum ist es im Winter kalt, auch wenn die Sonne scheint?

Januar

Obwohl die Sonne immer gleich heiß ist, wärmt sie im Winter so wenig, dass sie oft nicht einmal Eis und Schnee zum Schmelzen bringt. Wie ist das möglich?

```
Deine Forschersachen
-- ein sonniger Wintertag
-- eine Hauswand
-- zwei Backbleche
```

Hier kannst du ▶ messen ▶ vergleichen

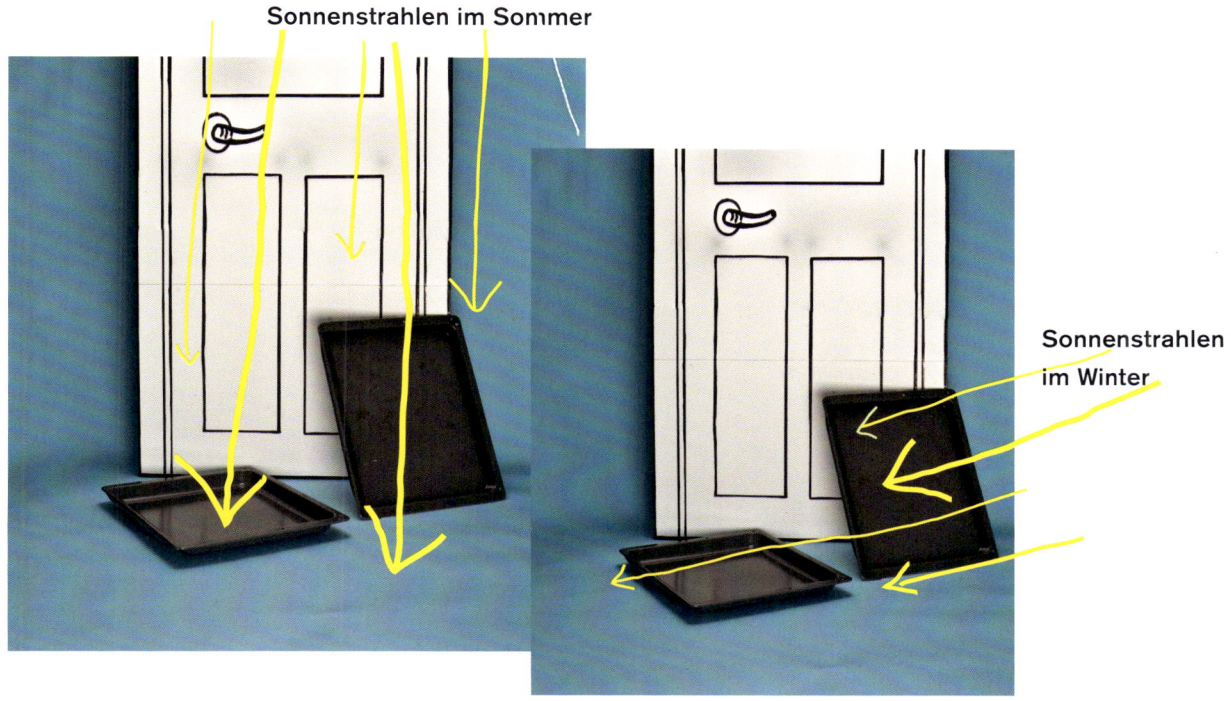

Was ist im Winter anders als im Sommer?
▶ Im Sommer steht sie ganz hoch am Himmel und die Strahlen fallen gerade herunter. Im Winter steht sie nahe am Horizont und ihre Strahlen treffen daher schräg auf die Erde. Das könnte bedeuten: Schräge Sonnenstrahlen machen es weniger warm als gerade Strahlen von oben. Ob es warm oder kalt ist, hängt also vielleicht mit dem Stand der Sonne zusammen. Mit zwei Backblechen kannst du es herausfinden:

Losforschen!
▶ Leg ein Blech draußen flach auf den Boden. Das andere lehnst du schräg gegen eine Hauswand, die direkt von der Sonne beschienen wird. Achtung: Es kommt dabei auf die richtige Schräge an. Die Sonnenstrahlen sollen möglichst gerade auf das Blech fallen, am besten im sogenannten rechten Winkel. (Das ist der Winkel, den du zum Beispiel an allen vier Ecken einer Tür sehen kannst.) Warte eine halbe Stunde und lege dann deine Handflächen auf die beiden Bleche. Spürst du den Unterschied? Das Blech, auf das die Sonnenstrahlen im rechten Winkel auftreffen, ist wärmer als das Blech, auf dem die Sonnenstrahlen schräg auftreffen. Und so wie mit dem liegenden Blech verhält es sich im Winter im ganzen Land: Steht die Sonne tief am Himmel, wird es nicht warm.

Was machen die Sterne tagsüber?

Februar

Glaubst du, die Sterne stehen auch tagsüber am Himmel, obwohl man sie nicht sehen kann? Und wenn ja: Warum sind sie mal unsichtbar und mal nicht?

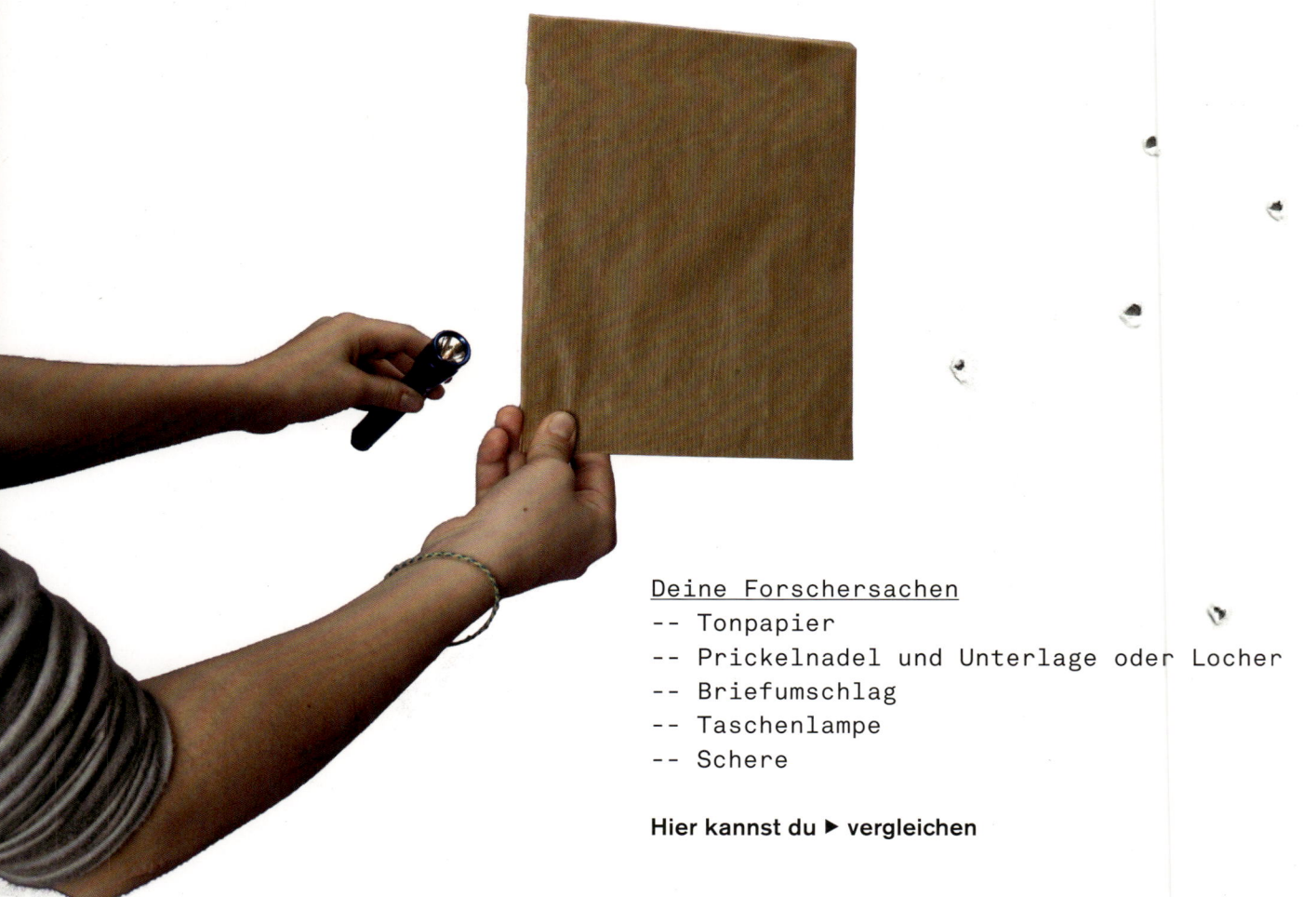

Deine Forschersachen
-- Tonpapier
-- Prickelnadel und Unterlage oder Locher
-- Briefumschlag
-- Taschenlampe
-- Schere

Hier kannst du ▶ vergleichen

Im dunklen Raum

Im hellen Raum

Losforschen!
▶ Schneide das Tonpapier so zurecht, dass es in den Briefumschlag passt. Bevor du es hineinsteckst, stanze noch mit der Prickelnadel oder dem Locher viele Löcher hinein. Wenn das durchlöcherte Papier im Umschlag steckt, kommt die Taschenlampe zum Einsatz. Beleuchte den Umschlag zunächst in einem hellen Raum von hinten mit der Taschenlampe. Verändert sich auf der vorderen Seite des Umschlags etwas dadurch, dass das Licht von hinten kommt? Wiederhole das Ganze noch einmal in einem dunklen Zimmer. Was siehst du jetzt?

Was bedeutet das für die Sterne?
▶ Tagsüber ist das Sonnenlicht auf der Erde viel heller als das Licht der Sterne. Erst wenn die Sonne verschwunden ist, können wir die Sterne sehen. Allerdings dürfen wir uns dann nicht in einer zu hell erleuchteten Stadt aufhalten, sonst kann man wieder nichts sehen. Außerdem darf der Mond nicht zu hell scheinen, sonst überstrahlt auch er das Sternenlicht.

FORSCHERWISSEN: Warum baut man ein Modell?
Viele Dinge sind zu groß oder zu weit weg, um mit ihnen zu experimentieren. Zum Glück kann man sie oft im Kleinen nachbauen. Probier es mal aus! Das macht Spaß, und du lernst viel dabei, weil man alles, was man wirklich erlebt, viel besser versteht, als wenn man bloß darüber nachdenkt.

Wie kann man aus kleinen Dingen etwas Großes machen?

Februar

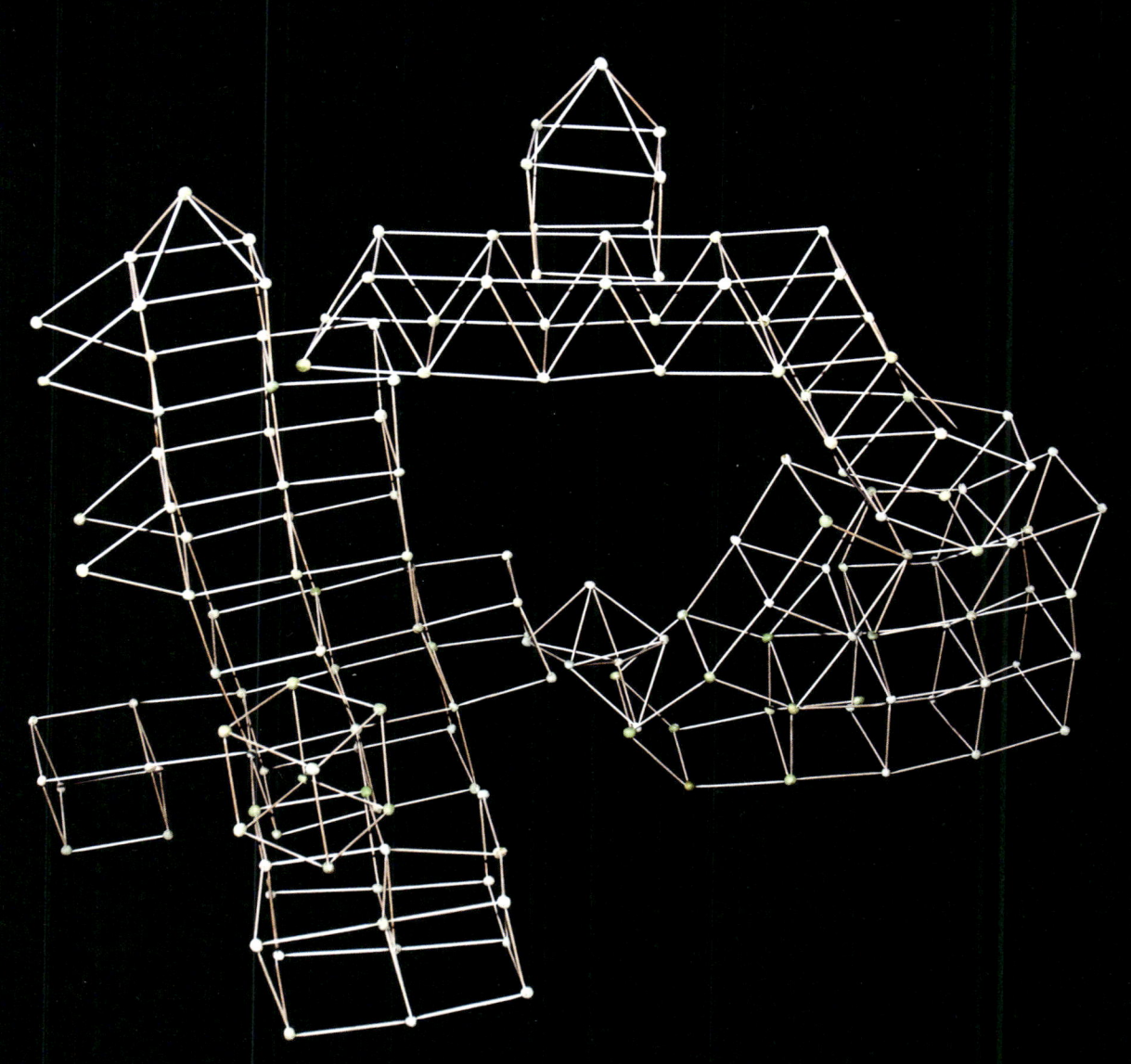

Aus vielen kleinen Dingen können spannende große Sachen werden. Vor allem, wenn Erbsen und Zahnstocher mitspielen dürfen.

```
Deine Forschersachen
-- 250g getrocknete Erbsen
-- Wasser
-- ganz viele Zahnstocher
```

Hier kannst du ▶ experimentieren ▶ im Team arbeiten

Losforschen!

▶ Bevor es losgeht, müssen die Erbsen über Nacht eingeweicht werden. Zwölf Stunden sind ideal, damit sie zum perfekten Baumaterial werden. Dann brauchst du nur noch die Zahnstocher, um ein Haus, einen Stern, einen Turm, eine Brücke zu bauen oder was immer du willst. Die Zahnstocher halten so gut in den weichen Erbsen, dass du damit jede Form hinbekommen kannst, die du im Kopf hast.

Warum werden manche Figuren und Gebäude stabiler als andere?

▶ Auch wenn die Verbindungen richtig fest stecken, einige Figuren und Bauwerke werden ziemlich wackelig, andere stehen richtig super da. Achte mal darauf, ob du erkennen kannst, welche Gebäude besonders stabil werden. Was ist an ihnen besonders? Aus welchen Formen hast du sie gebaut? Aus Quadraten? Aus Dreiecken? Aus beidem? Du kannst viel über das Bauen herausfinden, wenn du sehr verschiedene und auch richtig große Sachen baust. Denn damit aus kleinen Dingen etwas Großes werden kann, muss es klug gebaut sein. Vergleiche deine besten Entwürfe später mit richtigen Gebäuden und Brücken. Sind ihre Architekten auf ähnliche Lösungen gekommen wie du?

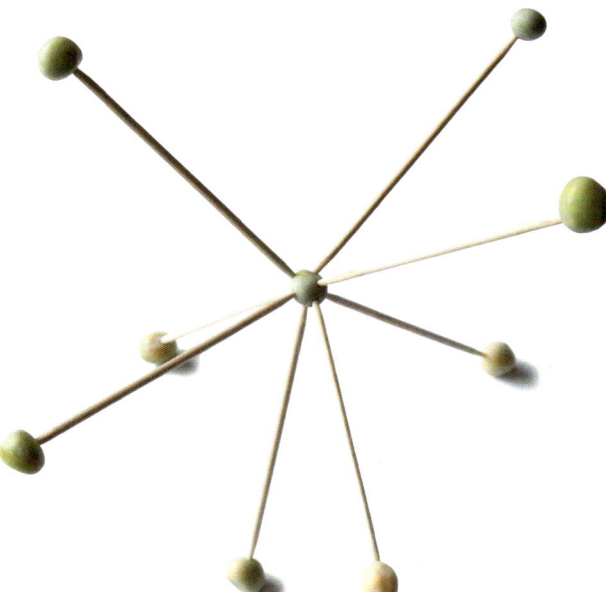

Wo verstecken Bäume im Winter ihre Blätter?

März

Schau dir mal die Bäume draußen genau an: Was im Frühling gebraucht wird, sitzt schon seit dem Herbst ordentlich verstaut an den Zweigen. Jetzt wird ausgepackt!

Deine Forschersachen
-- Knospen einer Kastanie, notfalls einer Buche

Hier kannst du ▶ beobachten ▶ untersuchen

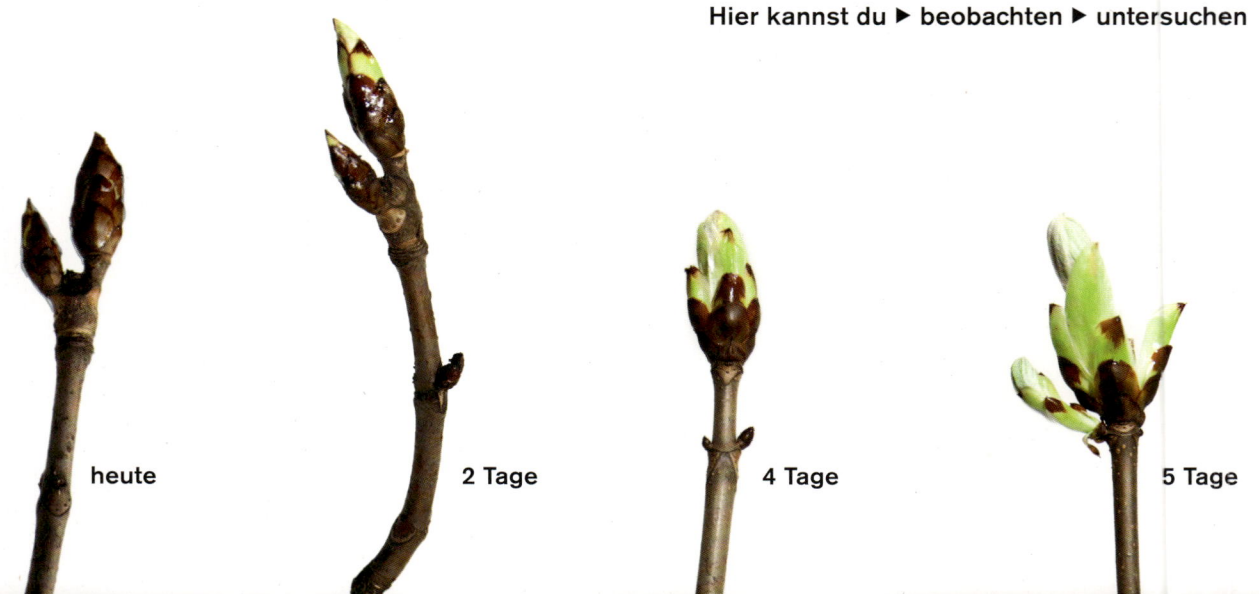

heute　　2 Tage　　4 Tage　　5 Tage

Warum können Bäume fast über Nacht grün werden?
▶ Sobald die ersten Sonnenstrahlen im Frühling ein bisschen wärmer werden, legen die Bäume mit dem Wachsen und Blühen los. Erstaunlich, dass das von einem auf den anderen Tag klappt, oder? Wenn du dir aber mal ein paar Zweige genau anschaust, kommst du ihrem Geheimnis schnell auf die Spur: Die meisten Bäume sorgen vor und bilden schon im Herbst die sogenannten Winterknospen. Um sie zu entdecken, musst du ziemlich genau hinschauen. Sie sind nämlich nicht bunt, sondern genauso braun wie die Zweige.

Losforschen!
▶ In den Winterknospen steckt bereits alles drin, was den Frühling so schön macht: In manchen sitzen kleine Blüten, in einigen sogar ganze Blütenzweige und in wieder anderen kleine Blätter. Das kannst du dir am besten bei den Winterknospen einer Kastanie anschauen, weil die so schön groß sind. Knips dir ein paar Knospen vom Baum ab. Die Knospenschuppen sehen ein bisschen aus wie Schuppen vom Fisch. Wenn du sie mit den Fingern abgepult hast, wirst du sehen, dass im Inneren ganz klein schon alles da ist, was bald groß werden wird. Die Blütenblätter sind ganz verknittert und so hauchzart, dass man fast durch sie hindurchsehen kann. Deine Finger sind nach dem Untersuchen garantiert ganz klebrig. Das liegt am Harz, das die Winterknospen schützend umgibt. Es wärmt und verhindert, dass es reinregnet – wie eine Winterjacke und ein Regenschirm zugleich.

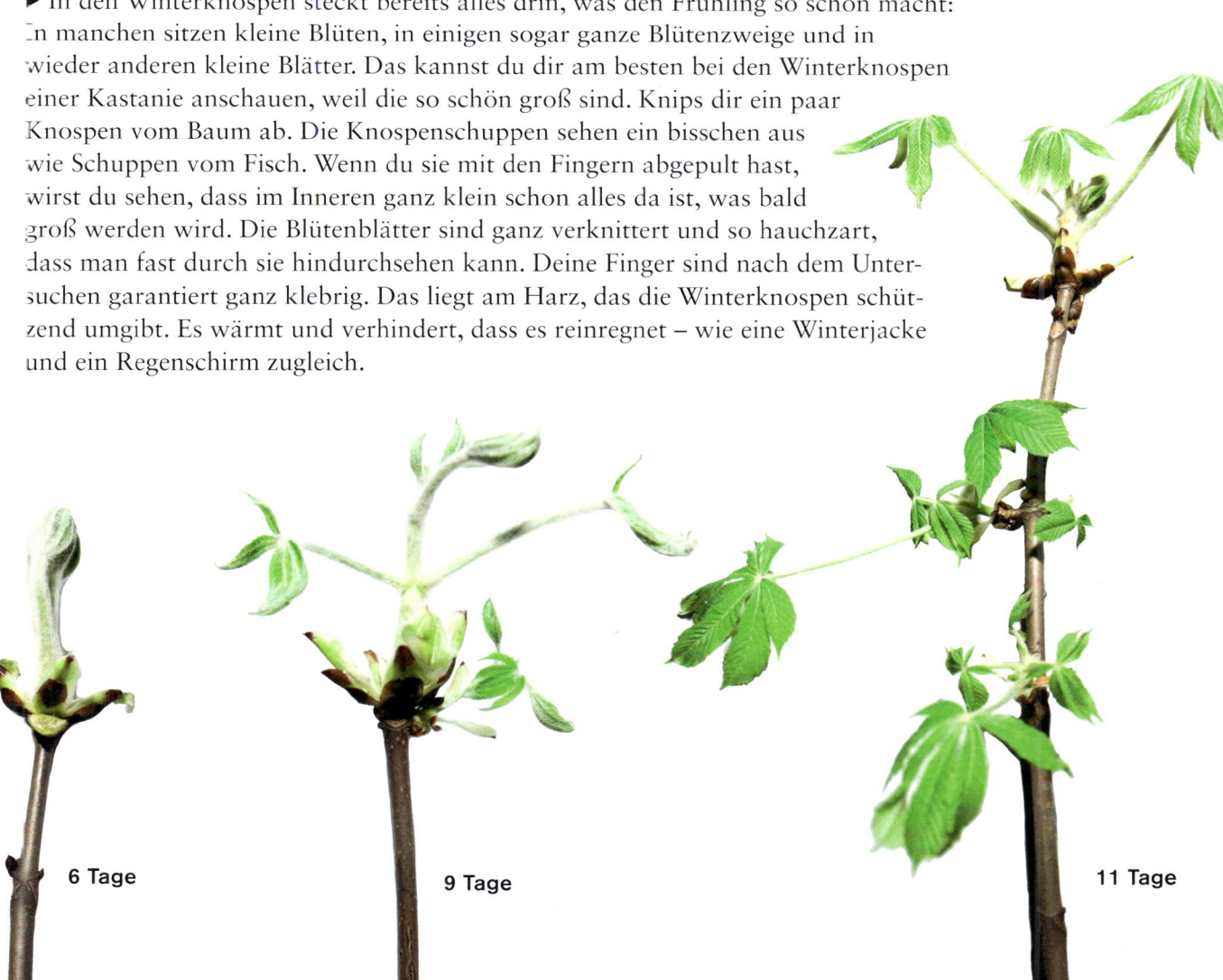

6 Tage   9 Tage   11 Tage

Woher können wir wissen,
wie ausgestorbene
Tiere ausgesehen haben?

März

Wie sah es vor vielen Millionen Jahren auf der Erde aus? Wie haben die ersten Menschen gelebt? Wie findet man Antworten auf solche Fragen?

Deine Forschersachen
-- Muscheln mit ausgeprägter Form
-- lehmige Erde
-- feuchter (!) Sand oder Ton
-- ein Schuhkartondeckel

Hier kannst du ▶ abbilden ▶ vergleichen

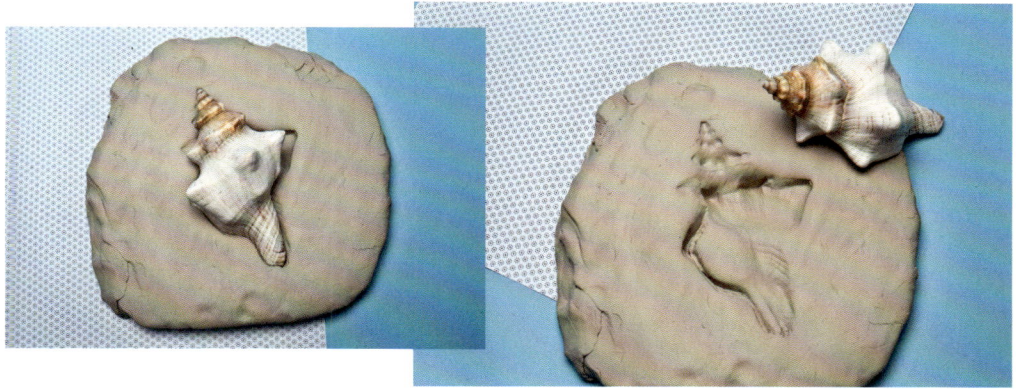

Woher wissen wir so viel über früher?
▶ Es gibt Forscher, die sich auf die Suche nach Spuren aus vergangenen Zeiten machen. Das sind die Archäologen. Sie suchen nach Dingen von früher, die in der Erde erhalten geblieben sind. Das können Reste von Häusern oder Mauern sein, aber auch Werkzeuge, Waffen oder Schmuck. Oder die Abdrücke von Tieren oder Pflanzen, die es schon längst nicht mehr gibt.

Losforschen!
▶ Fülle zuerst einen Schuhkartondeckel mit Sand, Ton oder Erde. Streiche die Oberfläche schön glatt und drücke die Muschel anschließend mit der gewölbten Seite nach unten fest hinein. Vorsicht beim Rausnehmen, damit der Abdruck gut erhalten bleibt! Betrachte einmal nur den Abdruck: Was kannst du durch ihn ganz sicher über die Muschel wissen? Und was nicht? So, wie es dir jetzt geht, so geht es auch den Forschern. Sie finden eine Versteinerung, so nennt man einen solchen Abdruck, und damit geht das Rätselraten los.

FORSCHERWISSEN:
Was ist eine Versteinerung?
Versteinerungen entstehen im Bodenschlamm eines Meeres oder eines Flusses. Ein totes Lebewesen sinkt in den Schlamm ein, das Meer oder der Fluss trocknet aus, der Schlamm wird zu Stein. Und damit auch alles, was sich in ihm befindet.

Warum kommen die Vögel im Frühling zurück?

April

Störche, Singdrosseln, Kraniche, Schwalben, Mauersegler und viele Hundert Arten mehr machen sich jeden Herbst auf die Reise in den Süden. Warum bleiben sie nicht einfach dort?

Graugans

Deine Forschersachen
-- offene Augen

Hier kannst du ▶ beobachten
▶ protokollieren

Schilfrohrsänger

Storch

Einmal Afrika und zurück?

▶ Zweimal im Jahr können wir große und kleine Vogelschwärme am Himmel beobachten. Immer dann, wenn die Tage wieder länger oder kürzer werden und sich die Temperaturen bei uns deutlich verändern. Das bevorzugte Winterquartier vieler Vogelarten ist Afrika, weil es dort so schön warm ist. Und natürlich ist es das immer noch, wenn es bei uns Frühling wird. Trotzdem machen sich die Zugvögel auf die anstrengende Reise. Warum? Bei uns gibt es im Sommer etwas, das es in Afrika nicht gibt: Es bleibt abends lange hell. In der Nähe des Äquators ist das ganz anders. Dort wird es Sommer wie Winter schon am frühen Abend dunkel. An unseren langen Tagen können die Vögel viel länger herumflattern. Deshalb finden sie auch zwei- bis dreimal so viel Futter wie in Afrika. Das ermöglicht es ihnen wiederum, in einem einzigen Sommer zwei Bruten großziehen zu können. Der doppelte Nachwuchs ist also der Grund, weshalb sie im Frühling immer wiederkommen.

Losforschen!

▶ Such dir einen guten Platz zum Vögelbeobachten. Beantworte dabei die folgenden Fragen: Wie viele verschiedene Vogelarten entdeckst du? Welche besonders oft? Dann schau dir die Vögel genauer an: Welche Farbe hat das Gefieder? Welche Form hat der Schnabel? Im Internet kannst du die Vogelarten später bestimmen, indem du ihre Merkmale eingibst: *www.nabu.de*, „Online-Vogelführer" anklicken.

Mitmachen!

▶ Jedes Jahr im Mai kannst du bei der größten Vogelzählung in Deutschland mithelfen, der sogenannten „Stunde der Gartenvögel". Den genauen Termin gibt's im Internet unter *www.nabu.de*.

Kuckuck

Wie entsteht ein Regenbogen?

April

Rot, orange, gelb, grün, blau und violett – so schön sieht ein Regenbogen aus. Fragt sich nur: Woher kommen die Farben eigentlich?

Deine Forschersachen
-- eine Schale gefüllt mit Wasser
-- ein kleiner Taschenspiegel
-- eine weiße Hauswand
-- ganz viel Sonne

Hier kannst du ▶ beobachten ▶ vergleichen

Losforschen!
▶ Stell die mit Wasser gefüllte Schale direkt in die Sonne nach draußen. Lege den Spiegel schräg hinein, indem du ihn an den Rand der Schale lehnst. Jetzt wird's ein bisschen knifflig: Richte die Schale samt Spiegel so auf die Hauswand aus, dass der Spiegel im Wasser von der Sonne getroffen wird und du einen Regenbogen auf der Wand zu sehen bekommst. Vermutlich musst du dazu die Schale und vielleicht auch den Spiegel ein bisschen hin und her schieben, bis alles optimal am Platz ist, denn auch hier kommt es wieder auf den richtigen Winkel an. Geduldig sein lohnt sich – wann bekommt man schon Anfang und Ende eines Regenbogens zu sehen?

Warum ist ein Regenbogen so selten?
▶ Weil mehrere Dinge dazu gebraucht werden: Erstens muss bei Regen die Sonne scheinen, zweitens darf die Sonne nicht zu hoch am Himmel stehen. Die besten Chancen bestehen daher morgens und am späten Nachmittag. Falls es regnet, die Sonne scheint, die Tageszeit stimmt und du trotzdem keinen Regenbogen findest, nimm deinen Schatten als Wegweiser: In der Richtung, in der er sich befindet, solltest du den Regenbogen am Himmel entdecken.

Woher kommen die Regenbogenfarben?
▶ Sonnenlicht ist weiß, und weißes Licht setzt sich immer aus den Farben Rot, Orange, Gelb, Grün, Blau und Violett zusammen. Das kann man aber erst sehen, wenn das Sonnenlicht in die vielen Farben zerlegt wird, etwa durch das Auftreffen auf die Regentropfen. Das kannst du dir etwa so vorstellen wie eine Schüssel, die auf den Steinboden fällt und in ihre Teile zerspringt. Bloß: Hier gibt's keine Scherben, sondern viele schöne Farben.

Wie entsteht ein Schatten?

Mai

Schatten erzählen vom Licht und den Dingen, auf die das Licht trifft. Und manchmal werfen ganz kleine Dinge ganz große Schatten.
Wie geht das?

```
Deine Forschersachen
-- viel Sonne
-- ein oder zwei Partner
-- ein dunkler Raum
-- ein paar Gegenstände
-- eine Taschenlampe
```

Hier kannst du ▶ beobachten ▶ experimentieren ▶ im Team arbeiten

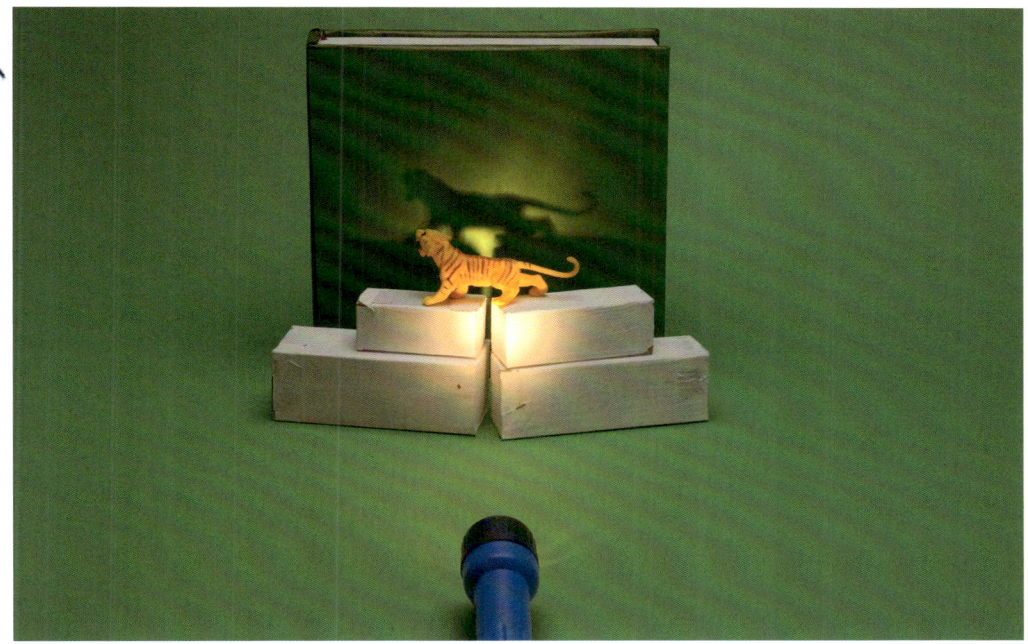

Erst mal nachdenken

▶ Wohin bewegt sich das Licht? Tagsüber könnte man glauben, dass es überall gleichzeitig hingeht, weil es überall hell ist. Trotzdem hat das Licht immer nur eine Richtung: geradeaus. Und wenn sich ihm etwas in den Weg stellt, kommt es nicht daran vorbei. Dann gibt's ein Loch im Licht. Das ist der Schatten.

Losforschen!

▶ An einem sonnigen Tag brauchst du nichts weiter als ein, zwei Freunde, die auch Lust haben, draußen ein bisschen Quatsch mit Schatten zu machen. Probiert einmal aus, was man mit dem Schatten alles anfangen kann. Was passiert mit ihm, wenn man hochspringt? Kann man vor dem eigenen Schatten weglaufen? Kann man mit ihm Fangen spielen? Lässt er sich irgendwie austricksen?
Abends, wenn es dunkel ist, kannst du noch mehr mit Licht und Schatten spielen. Halte zum Beispiel eine Taschenlampe ganz ruhig auf einen Gegenstand, dann gibt's einen Schatten. Sonst geschieht nichts. Doch sobald du die Lampe bewegst, bewegt sich auch der Schatten. Und wenn du näher mit der Lampe an den Gegenstand rangehst, wird der Schatten immer größer. Ein Gegenstand, der nah vor der Lichtquelle ist, kann nämlich besonders viel Licht abfangen. Dadurch wird das Loch im Licht größer und der Schatten auch.

Warum ist der Himmel blau?

Mai

Blaue Luft macht den Himmel blau. Aber was färbt die Luft blau? Und warum ist sie auch mal rot, mal orange, mal grau oder mal weiß? Hier kannst du nachprüfen, was es damit auf sich hat.

Deine Forschersachen
-- ein hohes, möglichst glattes Glas oder eine Vase
-- Wasser
-- ein Esslöffel Milch
-- eine Taschenlampe

Hier kannst du ▶ beobachten ▶ vergleichen

Welche Farbe hat das Licht?
▶ Licht ist nicht einfach weiß oder gelb, sondern setzt sich aus allen Farben zusammen. Welche Farbe allerdings besonders gut zu sehen ist, hängt von ihrer sogenannten Wellenlänge ab. Was es damit auf sich hat, kannst du ausprobieren.

Losforschen!
▶ Gib zunächst den Esslöffel Milch ins Glas und fülle es dann mit Wasser auf. Dann kannst du die trübe Flüssigkeit mit der Taschenlampe von allen Seiten beleuchten. Von der Seite, von oben oder – dazu musst du das Glas anheben – von unten. Was passiert? Verändert sich die Farbe der Flüssigkeit? Wann wird sie zart bläulich? Wann rötlich? Falls du keinen Unterschied erkennen kannst, verdünne die Mischung mit noch etwas mehr Wasser, dann sollte es klappen.

Warum ist die Milch mal blau und mal rosa?
▶ Wie das Sonnenlicht besteht auch das Licht der Taschenlampe aus allen Farben, die zusammengemischt weißes Licht ergeben. Trifft dieses weiße Licht nun auf die winzigen Fettteilchen in der Milch, wird es in seine verschiedenen Farben gestreut. Blaues Licht ist kurzwelliger als rotes. Deshalb sieht das Licht der Taschenlampe, wenn es auf die Seite vom Glas trifft, bläulich aus. Denn hier ist der Weg kurz. Auf dem längeren Weg von oben nach unten durch das Glas werden die blauen Wellen stärker abgelenkt und geraten dadurch außer Sichtweite. Übrig bleiben die langwelligen gelben und roten Lichtanteile. Sie zaubern die Milch rötlich.

Was macht Pflanzen grün?

Juni

Damit eine Pflanze groß und grün werden kann, benötigt sie Wasser und Erde. Und was braucht sie sonst noch?

Deine Forschersachen
-- Kressesamen
-- ein Teller
-- Küchentücher oder Watte
-- ein leerer Schuhkarton
-- eine Schere
-- ein Esslöffel
-- Wasser
-- etwas Geduld

Hier kannst du ▶ beobachten ▶ vergleichen

Losforschen!

▶ Schneide die Seitenwände des Schuhkartons bis auf etwa zwei Zentimeter ab. Lege die Küchentücher hinein und tränke sie mithilfe des Esslöffels mit Wasser. Dann nimm zwei Hände voll Kressesamen und verteile sie auf dem obersten Tuch. Schneide ein Loch in die Mitte des Kartondeckels. Mache noch rund ums Loch kleine Einschnitte, um die Pappe dadurch ein Stück weit nach unten biegen zu können. Den fertigen Deckel setzt du so auf das Unterteil, dass nur die Samen in der Mitte Licht bekommen. Zum Schluss stellst du den Karton auf einen Teller ans Fenster. Jetzt heißt es abwarten und gießen! Halte eine Woche lang das Küchenpapier schön feucht, aber schütte das Wasser nicht direkt auf die Samen. Was passiert? Die Samen wachsen zu kleinen Pflanzen heran – aber nur die Pflänzchen in der Mitte sind grün geworden!

Warum sind nicht alle Blätter grün geworden?

▶ Ohne Sonnenlicht werden alle Blätter gelb. In den Pflanzen gibt es nämlich einen Stoff, der Blattgrün oder auch Chlorophyll genannt wird. Er sammelt das Sonnenlicht und färbt die Blätter grün. Sonnenstrahlen sind nämlich pure Energie, die wir als Wärme spüren. Und so ein Blatt kannst du dir wie eine winzige Fabrik vorstellen, in der mithilfe der Sonnenenergie Nährstoffe für die Pflanze produziert werden. Das ist vor allem Traubenzucker, den die Pflanzen in ihren Blättern, Früchten und Wurzeln speichern. Als Abfallprodukt entsteht dabei auch noch der Sauerstoff, den wir Menschen zum Leben brauchen – einfach so!

Woher weiß eine Pflanze, wie sie ihre Blätter anordnen muss?

Juni

Übereinander, nebeneinander, aber nie durcheinander: Wieso weiß eine Rose, wie sie ihre Blütenblätter wachsen lässt? Woher weiß das die Margerite? Und wie macht es der Brokkoli?

Deine Forschersachen
-- verschiedene Blumen
-- Papier
-- Buntstifte

Hier kannst du ▶ sammeln ▶ vergleichen ▶ nachdenken ▶ abbilden

Typisch Pflanze: zweimal das gleiche Muster, einmal nach links, einmal nach rechts.

Woher weiß eine Pflanze, wie sie aussehen soll?

▶ Eine Pflanze kann natürlich nicht so etwas denken wie: „Jetzt mache ich dieses Blatt mal hierhin und das andere dorthin." Und trotzdem schafft sie es, dass man gleich erkennt, zu welcher Art von Pflanzen sie gehört. Jedes Gänseblümchen sieht aus wie ein Gänseblümchen. Jeder Tannenzapfen wie ein Tannenzapfen. Da muss es also ziemlich strenge Regeln geben, nach denen jede Pflanze wächst. Und trotzdem wächst jede ein bisschen auf ihre Art. Man findet zum Beispiel keine zwei Gewächse einer Art, die ganz genau gleich aussehen. Aber wer weiß, vielleicht schaffst du es doch. Probier es einmal!

Losforschen!

▶ Wenn du verschiedene Blüten gesammelt hast, leg sie auf dem Tisch oder Boden aus und schau sie genau an. Was fällt dir auf? Gibt es da ein Muster, wie die Blütenblätter angeordnet sind? Gibt es Blüten, die einander besonders ähnlich sehen? Entdeckst du auch solche Muster, die einen Dreh nach rechts und einen Dreh nach links haben, wie es oben bei den Margeriten auf dieser Seite eingezeichnet ist?

Wie bekommen Pflanzen ihre Form so ordentlich hin?

▶ Es gibt immer noch viele ungelöste Rätsel auf der Welt. Wie Pflanzen ihre Form aufbauen, gehört dazu. Es gibt nur gute Vermutungen, wie das passiert. Man glaubt, dass der Anfang von einem Hormon gemacht wird. Das ist ein Stoff, der die Information beinhaltet: „Pflanze, so geht's los mit dem Wachsen!" Später wird dann jeweils das nächste Blatt dorthin gesetzt, wo sich eine Lücke befindet. Das nächste wieder in die nächste Lücke. Und immer so weiter. Aber wie gesagt: Ganz sicher ist sich niemand. Vielleicht findest du heraus, wie es wirklich ist.

Wie entsteht Schimmel?

Juli

Brot schimmelt ganz besonders schnell – gerade jetzt im Sommer, wenn es warm ist. Aber wo kommt der Schimmel eigentlich her?

Deine Forschersachen
-- drei Scheiben Toastbrot
-- drei transparente Plastiktüten
-- drei Haushaltsgummis
-- etwas Wasser

Hier kannst du ▶ vergleichen ▶ beobachten

Frisches Brot

4 Tage später

Losforschen!

▶ Feuchte zwei der drei Scheiben Toast leicht mit Wasser an. Reibe eine der Toastscheiben vorsichtig über den Küchentisch. Lege sie anschließend in eine durchsichtige Plastiktüte, die du dicht verschließt. Mit der zweiten feuchten Toastscheibe fährst du behutsam über den Küchenfußboden und verschließt sie dann in der zweiten Tüte. Die dritte, trockene Toastscheibe wird in der dritten Plastiktüte verschlossen. Lass alle drei Tüten vier Tage lang an einem dunklen Ort liegen. Auf den beiden angefeuchteten Toastscheiben wird sich vermutlich schon ein hübscher Schimmelteppich ausgebreitet haben. Lass die Tüten fest verschlossen, weil es ungesund ist, die giftigen Schimmelsporen einzuatmen. Vielleicht ist auch die trockene Toastscheibe schon etwas schimmelig geworden, aber sicherlich weitaus weniger als die beiden anderen. Wenn du die Brote in den Tüten wieder zurück in die Dunkelheit legst, kannst du Tag für Tag verfolgen, wie der Schimmel wächst.

Wie kommt der Schimmel aufs Brot?

▶ Wenn ein Brot frisch aus dem Ofen kommt, befindet sich noch kein Schimmelpilz darauf. Der kommt erst aus der Luft angeflogen. In der Luft fliegen allerdings nicht die Schimmelpilze selbst, sondern ihre Sporen herum. Noch mehr davon befinden sich zum Beispiel auf dem Boden oder auf Arbeitsflächen – auch wenn beides blitzblank aussieht. Treffen diese Sporen auf ein Lebensmittel wie Brot, keimen sie aus und bilden farblose Zellfäden. Diese sogenannten Hyphen durchziehen das Lebensmittel im Inneren. Deshalb reicht es auch nicht, Schimmel abzuschneiden, der Rest kann voll davon sein, selbst wenn man ihn außen nicht sieht.

6 Tage später

10 Tage später

Wie trinken Blumen Wasser?

Juli

Blumen brauchen Wasser, sonst lassen sie nämlich die Köpfe hängen. Aber wie kommt das Wasser bis ganz nach oben?

Deine Forschersachen
-- Lebensmittelfarbe
-- einige Gläser mit Wasser
-- einige weiße Blumen
   (Lilien eignen sich
   ganz besonders gut!)
-- eine Schere

Hier kannst du ▶ beobachten ▶ vergleichen

Losforschen!

▶ Zuerst füllst du zwei, drei Gläser mit Wasser und färbst jedes davon mit einer anderen Lebensmittelfarbe ein. Kürze den Stängel der Blumen, dann siehst du schneller das Ergebnis. Schneide die Blumenstiele anschließend mit der Schere der Länge nach auf, aber nicht bis ganz oben zur Blüte, sondern etwa so, wie du es auf dem Foto auf der linken Seite siehst. So kannst du nämlich die beiden Stielhälften in zwei Gläser mit jeweils unterschiedlichen Wasserfarben stellen. Warte eine Nacht ab, und du wirst eine Überraschung erleben: Die vorher weißen Blüten sind jetzt bunt.

Wie kommt die Farbe in die Blütenblätter?

▶ Über die Blütenblätter verdunstet eine Blume die ganze Zeit über die Feuchtigkeit, und das Wasser, das nach oben verschwindet, wird von unten über die Kanäle im Stiel nachgesaugt. Mit dem Wasser sind auch die darin enthaltenen Nährstoffe aufgestiegen, die dafür sorgen, dass die Pflanze kräftig wird. In diesem Fall wurden mit den Nährstoffen auch die Farbstoffe der Lebensmittelfarbe abgelegt. Aber: Warum haben manche Blütenblätter die eine Farbe angenommen und andere die andere Farbe, wenn die halbierten Stiele in zwei Gläsern mit unterschiedlich gefärbtem Wasser standen? Das zeigt, dass die unterschiedlichen Stellen an der Blüte auch von unterschiedlichen Kanälen versorgt werden.

Warum ist es in schwarzen Autos heißer als in weißen?

August

Solange nur wenige Autos eine Klimaanlage hatten, waren auf den Straßen auch nur wenige schwarze Wagen zu sehen. Gibt es da einen Zusammenhang?

```
Deine Forschersachen
-- Sonne
-- ein weißer Joghurtbecher,
-- ein schwarzer Joghurtbecher
   (mit schwarzer Farbe angemalt)
-- Wasser
-- ein Badethermometer
-- ein Wecker
-- Stift, Papier
```

Hier kannst du ▶ messen ▶ protokollieren ▶ vergleichen

Losforschen!

▶ Fülle den weißen und den schwarzen Becher jeweils mit der gleichen Menge Wasser und dann ab damit direkt ins Sonnenlicht. Jetzt musst du nur noch einen Wecker stellen, der zwei Stunden später klingelt. Dann ist es nämlich Zeit zum Messen! Stell das Thermometer in das Wasser des weißen Bechers, und warte ab, bis die Temperatur nicht weiter ansteigt. Schreib das Ergebnis auf. Anschließend misst du die Temperatur im schwarzen Becher. Wenn alles klappt, steigt die Messsäule jetzt weiter an, weil das Wasser im schwarzen Becher wärmer ist als im weißen.

FORSCHERWISSEN : Warum wird Schwarz wärmer als Weiß? Neben Licht sendet die Sonne auch Wärmestrahlen aus. Von hellen Gegenständen werden sie reflektiert, also zurückgeworfen. Dunkle Sachen saugen die Wärme dagegen auf wie ein Schwamm das Wasser. Das ist der Grund, warum wir in schwarzen Autos oder T-Shirts mehr schwitzen als in weißen.

Wie schafft man Erinnerungen?

August

Manche Dinge kann man nicht behalten. Von einem Fisch mach lieber einen Abdruck, danach abwaschen und ab in die Pfanne!

Deine Forschersachen
-- ein flacher Fisch, wie Scholle oder Dorade (hübsch, aber teuer!)
-- auch gut geeignet: Apfelhälften, Federn, Blätter
-- Linol- oder Fingerfarbe
-- Seidenpapier
-- Zeitung als Unterlage
-- ein Teller
-- ein Schwamm

Hier kannst du ▶ abbilden ▶ vergleichen ▶ sammeln

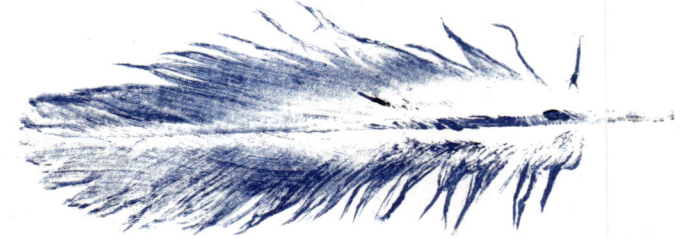

Was hat Drucken mit Forschen zu tun?
▶ Ganz einfach: Forscher sind immer auch Sammler. Wenn man die Dinge selbst nicht so gut aufbewahren kann, wie etwa Fische, kann man zumindest Bilder von ihnen sammeln. Man erfährt nämlich mehr über eine Sache, wenn man viele verschiedene Ausführungen davon hat. Mit einer Sammlung kannst du herausfinden, was bei einem bestimmten Ding immer gleich ist, und auch, was sich unterscheidet.

Losforschen!
▶ Leg den Fisch auf die Zeitung. Drück einen dicken Klecks Farbe auf den Teller und verteile ihn mit dem Schwämmchen darauf. Jetzt kannst du die Farbe mit dem Schwamm gleichmäßig überall auf dem Fisch auftragen. Leg ihn anschließend mit der Farb-Seite nach oben auf ein sauberes Stück Zeitung. Halte den Bogen Seidenpapier mit den (gewaschenen!) Händen an zwei Ecken hoch und lass ihn vorsichtig und glatt auf den Fisch gleiten. Streich das Papier mit den Händen zuerst den Bauch entlang über den Fisch, dann kommen Schwanzflosse und Kopf dran. Weiter geht's mit der Unterseite des Fischbauches, zuletzt noch der Rücken mit den Rückenflossen. Keine Stelle vergessen? Dann kannst du dein Druckbild langsam vom Fisch abziehen.
Schöööööön!

Wie vermehren sich Pilze?

September

Pilze sind geheimnisvoll. Manche schaffen es, über Nacht zu wachsen. Sie vermehren sich durch Sporen. Sporen sind winzig klein, aber du kannst sie sichtbar machen.

Deine Forschersachen
-- 3 bis 4 frische Champignons, Shiitakepilze oder andere Pilze mit Lamellen (so heißen die Fächer unter den Pilzhüten)
-- Gläser
-- weißes oder buntes Papier
-- Messer oder Schere
-- Haarspray

Hier kannst du ▶ abbilden ▶ beobachten ▶ sammeln ▶ ordnen

Losforschen!

▶ Trenn mit Messer oder Schere die Hüte vom Stiel und lege sie mit den Lamellen nach unten aufs Papier. Um einen guten Sporenabdruck zu erhalten und zu verhindern, dass der Pilz austrocknet, stülpe ein Glas über jeden Hut. Nach einigen Stunden legen sich die Sporen auf dem Papier nieder. Das ergibt ein schönes Bild, das du trocknen lassen und danach mit etwas Haarspray fixieren kannst.

Wie geht es mit der Vermehrung in der Natur weiter?

▶ Das Abwerfen der Sporen ist nur der erste Schritt. Aus den Sporen wächst ein unterirdisches Geflecht, das Myzel genannt wird. Dieses Myzel ernährt sich von abgestorbenen Baumteilen. (Jetzt weißt du, warum sich Pilze so oft in Baumnähe befinden!) Wenn es regnet, bilden sich in ganz kurzer Zeit aus dem Myzel Knollen, die zu Pilzen heranwachsen. Die Pilze selbst sind dann so etwas wie Früchte, die der Vermehrung dienen. Bei trockenem Wetter fallen aus den reifen Pilzen wieder Sporen aus und es geht von vorne los.

Wie kann man ein Geräusch sichtbar machen?

September

Ein Hund bellt, ein Telefon klingelt, ein Kind lacht – das hast du alles schon gehört. Aber wie wandern diese Geräusche bis in dein Ohr hinein?

Deine Forschersachen
-- eine Trommel
-- Leinsamen oder Reis
-- ein CD-Player
-- eine Musik-CD

Hier kannst du ▶ experimentieren ▶ beobachten ▶ vergleichen

Warum kann man Töne hören?

▶ Dafür sorgen die Schallwellen, die die Töne durch die Luft tragen. Dadurch, dass sich der Schall durch die Luft bewegt, gibt es Töne und Geräusche. (Das ist übrigens auch im Wasser so. Mit untergetauchtem Kopf hört man in der Badewanne jeden Pups sogar gleich doppelt so laut.) Schallwellen kannst du mit einem Trick zeigen:

Losforschen!

▶ Stell den CD-Player neben die Trommel. In die Mitte des Trommelfells kommen die zwei Esslöffel Leinsamen oder Reis. Jetzt lass die Trommel einfach stehen und mach die Musik an. Erst leise, dann immer lauter. Du wirst sehen, wie die Körner von innen nach außen tanzen, obwohl sie niemand berührt und auch die Trommel still steht. Es ist der Schall der Musik, der für die Bewegung sorgt. Er hat so viel Kraft, dass er die Körner schieben und springen lassen kann. Und du kannst die Bewegungen der Körner mit der Lautstärke regeln.

Und was passiert mit dem Schall in den Ohren?

▶ In deinem Ohr gibt es auch ein ganz kleines Trommelfell. Es ist dazu da, die Schallwellen aufzufangen und an dein Gehirn weiterzuleiten. Auf diese Weise hörst du alle Töne und Geräusche.

Wie verändern Blätter ihre Farbe?

Oktober

Das Grün der Blätter geht, andere Farben kommen – aber Zauberei ist es nicht. Doch was passiert, wenn im Herbst die Bäume bunt werden?

Deine Forschersachen
-- Filterpapier
-- eine Schere
-- ein Glas Wasser
-- ein schwarzer, wasserlöslicher Filzstift (kein „Marker"!)
-- ein Bleistift

**Hier kannst du ▶ sammeln
▶ beobachten ▶ ordnen
▶ experimentieren**

Losforschen!

▶ Stülpe das Glas kopfüber auf das Filterpapier und male mit dem Bleistift einen Kreis außen herum, der etwas größer als das Glas ist. Schneide ihn aus und bohre mit der Scherenspitze ein Loch in die Kreismitte. Male die Stelle ums Loch etwa daumenbreit mit dem Filzer an. Schneide einen Streifen aus dem restlichen Filterpapier und roll ihn eng zusammen. Stecke die Papierwurst durch das schwarze Loch, sodass beides zusammen wie ein Schirm aussieht. Setz den Schirm so auf das Glas auf, dass das untere Ende der Papierwurst im Wasser steckt.

Was passiert da eigentlich?

▶ Das Wasser steigt in der Papierrolle empor und verteilt sich dann im runden Papierkreis. Das Wasser löst dabei zunächst die schwarze Farbe auf und nimmt seine verschiedenen Bestandteile mit. Schwere Farbteilchen bleiben schneller liegen als leichte. Und du kannst noch etwas sehen, wenn du den Versuch wiederholst: Jedes Blatt wird ein bisschen anders bunt – ganz wie in der Natur!

Was hat das mit Blättern zu tun?

▶ Auch in den Blättern steckt nicht nur Grün. Im Sommer und im Frühling überlagert es nur das Gelb und Rot. Denn bevor der Baum in Winterruhe geht, zerlegt er das kostbare Chlorophyll, so heißt der grüne Farbstoff aus den Blättern, in seine Bausteine, um diese dann in den dicken Ästen und im Stamm zu lagern. Dabei werden die anderen Farben im Blatt sichtbar.

Wie entsteht Erdboden?

Oktober

Von Bäumen kann man viel lernen: schlau mit Müll umzugehen zum Beispiel. Alle Abfälle werden zu Nahrung. Das kannst du beim Waldspaziergang untersuchen.

Deine Forschersachen
-- eine kleine Schaufel
-- eine Becherlupe
-- ein Sandkastensieb
-- ein altes Laken mit Loch in der Mitte

Der ideale Platz:
Ein Mischwald mit möglichst vielen
Laubbäumen wie Buchen, Eichen, Kastanien

Hier kannst du ▶ beobachten ▶ sammeln ▶ vergleichen

jetzt

4 Monate später

8 Monate später

Losforschen!

▶ Breite im Laubwald das Laken aus, hol die Lupen raus und schau einfach mal, was es im Loch in der Lakenmitte zu entdecken gibt. Vermutlich jede Menge Laub. Ganze Blätter und auch kaputte. Wenn du ein bisschen gräbst, findest du filigrane Blattgerippe. Noch ein bisschen tiefer im Erdreich wird von den Blättern nichts mehr zu sehen sein, da ist schon alles zu Erdboden zerfallen.

Was krabbelt denn da?

▶ Auf dem weißen Laken kannst du die verschiedenen Blattstadien wunderbar ausbreiten. Dabei werden sich auch die kleinen Krabbeltiere zeigen, die dafür sorgen, dass von den Blättern nichts übrig bleibt. In der Becherlupe lassen sie sich super betrachten! Außerdem spannend: Siebe ein bisschen von der tieferen Erdschicht. Dabei springen die nur einen Millimeter kleinen Springschwänze hervor. Diese winzigen Urtierchen haben die gleiche Farbe wie das Laub und tragen ganz wesentlich dazu bei, dass die Blätter abgebaut werden.

12 Monate später   16 Monate später

Wie kann man Papier mit Mehl kleben?

November

Mist, kein Kleber im Haus? Macht nichts, den kannst du selber machen. Das geht leichter als Kuchen backen, aber die Zutaten findest du auch in der Küche.

Deine Forschersachen
    -- eine kleine Schüssel
    -- ein Schneebesen
    -- eine Tasse Mehl
    -- ein Esslöffel
    -- kaltes Wasser

Hier kannst du ▶ **experimentieren**

Losforschen!
▶ Schütte das Mehl in die Schüssel, gib mit dem Esslöffel etwas kaltes Wasser dazu und verrühre alles gut mit dem Schneebesen. So machst du immer weiter, bis du einen glatten, dicken Brei erhältst. Den Brei musst du dann ein paar Minuten quellen lassen. Dann verbindet sich das Mehl erst richtig mit dem Wasser. Der fertige Brei klebt dann ganz prima Papier. In einem Schraubdeckelglas im Kühlschrank hält sich dein Kleber etwa zwei Wochen.

FORSCHERWISSEN: Warum klebt Mehl?
Im Weizenmehl sind Eiweiße enthalten, die Gluten genannt werden. (Das Wort kommt übrigens aus dem Lateinischen und bedeutet Leim.) Kommt Gluten mit Wasser in Berührung, wird daraus ein richtiger Klebstoff. Ohne den Kleber könnte man übrigens kein Brot backen. Gluten sorgt nämlich dafür, dass Brot-, Kuchen- oder Plätzchenteig so schön elastisch ist und man ihm eine Form geben kann.

Warum verändert sich der Mond ständig?

November

Der Mond ist merkwürdig: Mal leuchtet er als Vollmond kugelrund, mal verschwindet er ganz. Warum?

Deine Forschersachen
-- eine Kopie von der Rückseite dieses Blattes
-- Schere
-- Tacker oder Kleber

Hier kannst du ▶ beobachten ▶ sortieren

Losforschen!

▶ Schau dir an einem sternenklaren Abend den Mond draußen ganz genau an. Was glaubst du, warum er überhaupt leuchtet? Er macht es so wie ein Reflektor am Fahrrad: Er reflektiert das Licht, das ihn anstrahlt, und das kommt von der Sonne. Ohne fremdes Licht, bleibt der Mond dunkel. Bei einem Reflektor kannst du es ausprobieren. Im dunklen Schuppen ist er nicht zu sehen, doch sobald ihn eine Taschenlampe anleuchtet, strahlt er.

Warum verändert sich der Mond Nacht für Nacht?

▶ Was wir vom Mond sehen können, ist seine helle Seite, die von der Sonne angestrahlt wird. Seine dunkle Seite bleibt für uns unsichtbar. Der Mond bleibt nie an der gleichen Stelle stehen. Er dreht sich die ganze Zeit um die Erde. Außerdem dreht sich die Erde. Beides sorgt dafür, dass sich der Blickwinkel ständig ändert, den wir auf die helle Seite vom Mond haben. Manchmal sehen wir sie ganz, das nennen wir Vollmond. Manchmal sehen wir sie nur ein bisschen und manchmal gar nicht. Das ist dann Neumond.

Wie bastelt man ein Daumenkino?

▶ Schneide die Bilder auf deiner Kopie sorgfältig aus und sortiere sie so, dass die Zahl 1 oben liegt und die 24 unten. Tacker oder klebe die Kärtchen an der linken Seite gut aufeinander fest. Fertig! Um dir das Daumenkino anzuschauen, hältst du es auf der linken Seite mit der linken Hand fest und lässt es mit der rechten Hand durch Daumen und Zeigefinger schnellen.

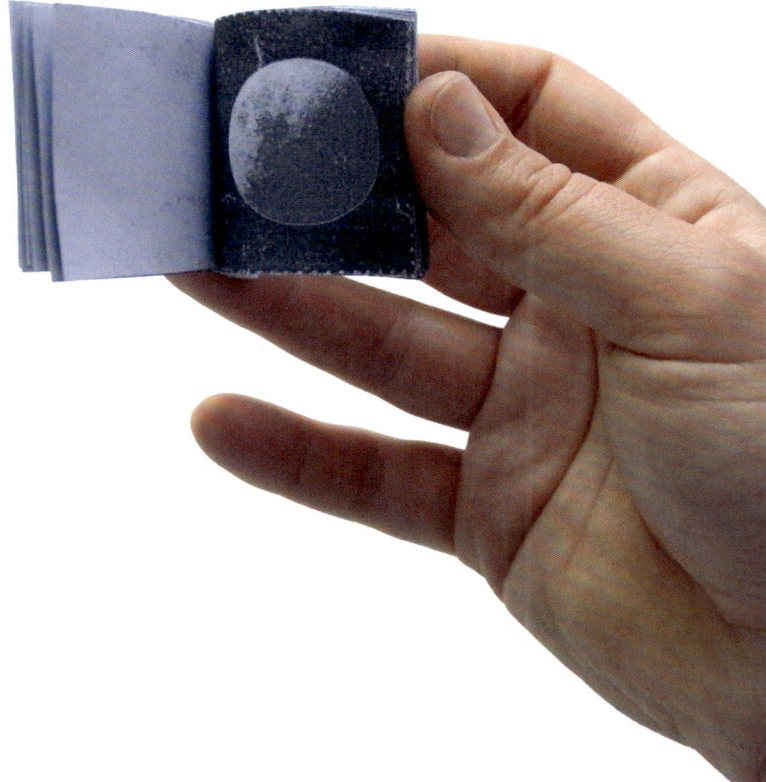

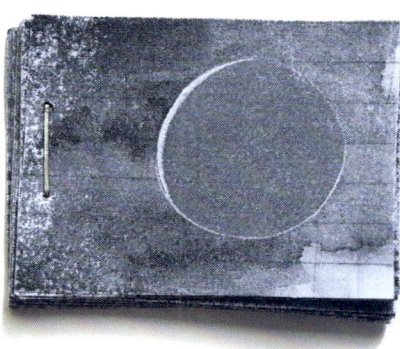

Warum gefriert Wasser mal weiß und mal klar?

Dezember

Eiszapfen sind transparent wie Glas, aber Eisschollen und Eisberge sind weiß wie Milch. Warum ist Eis mal so und mal so? Was macht den Unterschied?

```
Deine Forschersachen
-- Wasser
-- Seife (eventuell in verschiedenen Farben)
-- Lupe
```

Hier kannst du ▶ experimentieren ▶ beobachten ▶ vergleichen

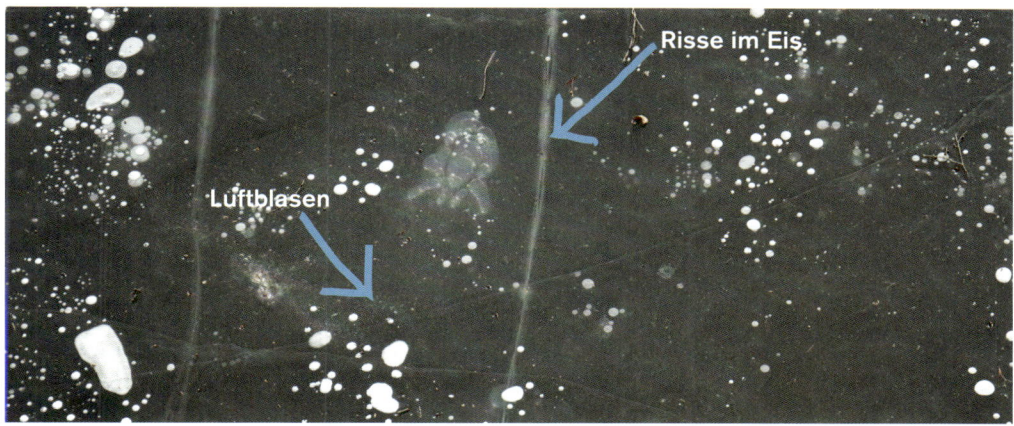

Was macht das Eis weiß?

▶ Stell dir bei weißem Eis die Wasserteilchen wie einen großen Berg aus Legosteinen vor, die einfach zusammengekippt wurden – da passt viel Luft zwischen die Steine, oder? Bei klarem Eis liegen die Teilchen dagegen so ordentlich aufeinander wie bei einer gut gebauten Wand. Dazwischen passt kaum Luft. Und genau darin liegt das Geheimnis: Durch die glatt verbauten Wasserteilchen kommt das Licht so gerade durch wie bei einer Fensterscheibe. Bei einem Durcheinander von Luft- und Wasserteilchen jedoch nicht. Da prallt es überall ab. Dazu sagt man, das Licht wird gestreut. Seifenschaum ist übrigens aus dem gleichen Grund weiß. Das Gute daran: Beim Schaum kannst du die Sache mit dem gestreuten Licht sogar sehen!

Losforschen!

▶ Mach mit Wasser und Seife ganz viel Schaum. Die Farbe der Seife ist egal, der Schaum wird immer weiß. Warum, das siehst du unter der Lupe: Seifenschaum besteht aus unzähligen mit Luft gefüllten Bläschen. Sie schillern in allen Regenbogenfarben. Das liegt am Licht, das sich an ihrer Oberfläche bricht. Und weil alle Farben zusammen wieder Weiß ergeben, sieht der Schaum mit mehr Abstand betrachtet weiß aus wie Schnee. (Bei dem es ja genauso ist!)

Welche Spuren kann man im Schnee finden?

Dezember

Es hat geschneit – aber wer hat welche Spur hinterlassen?

<u>Deine Forschersachen</u>
-- offene Augen
-- ein frisch verschneiter Tag

Hier kannst du ▶ beobachten ▶ sammeln ▶ ordnen

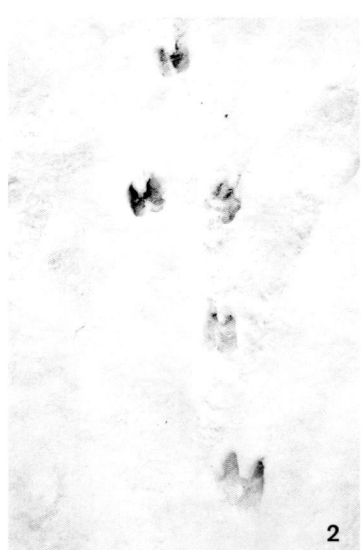

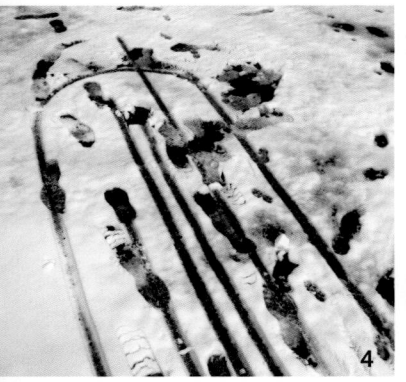

Losforschen!

▸ Das Erste, was ein Spurenleser lernt: Spuren unterscheiden. Förster können das zum Beispiel. Außerdem wissen sie auch solche Dinge: Wie alt ist die Spur? Männchen oder Weibchen? Jung oder alt? Wie viele Tiere waren da? Du findest draußen bestimmt auch viele Spuren. Einige kannst du vielleicht sogar schon lesen. Was fällt dir zu diesen Bildern alles ein? Die Auflösungen findest du unten!

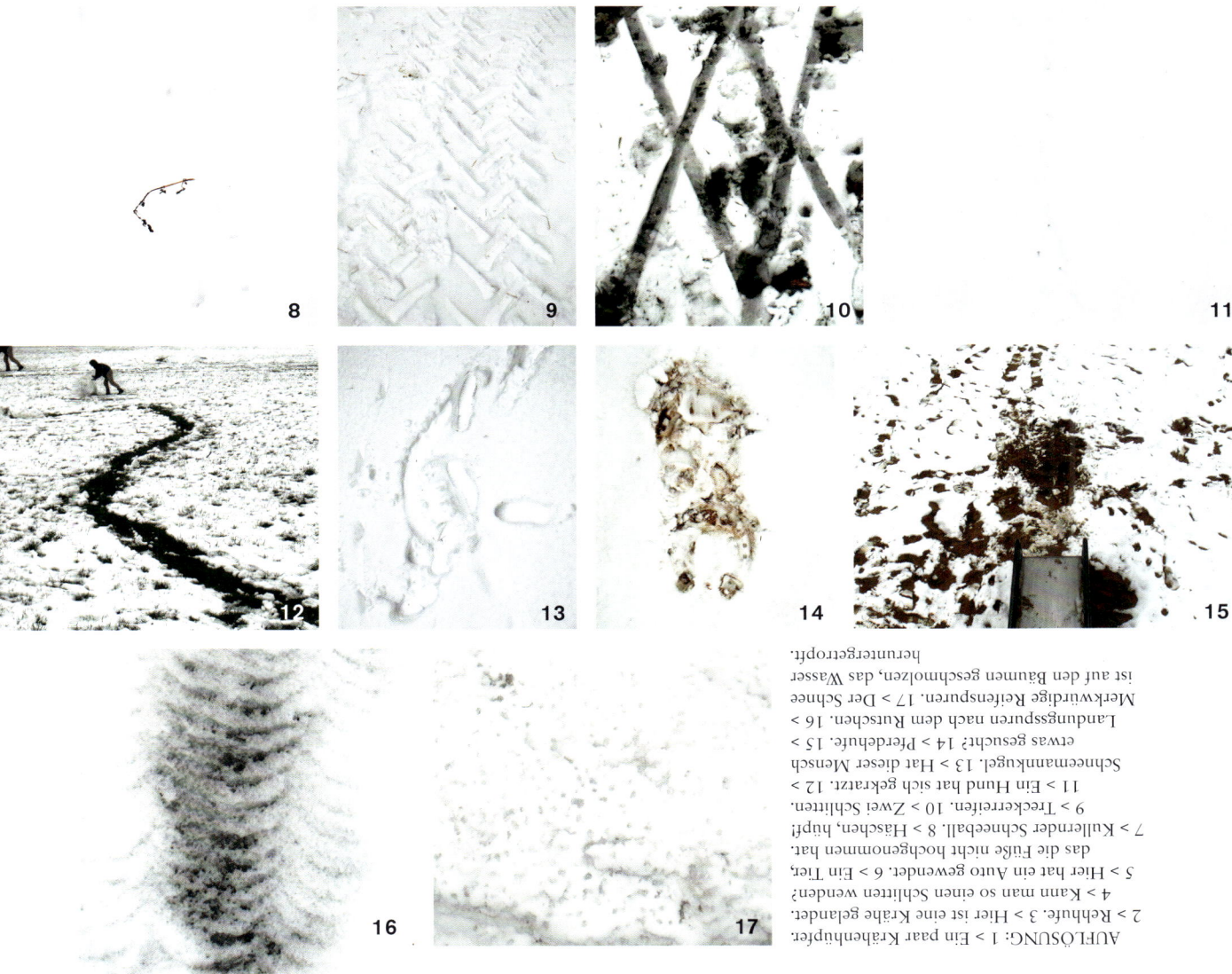

AUFLÖSUNG: 1 > Ein paar Krähenhüpfer. 2 > Rehhufe. 3 > Hier ist eine Krähe gelandet. 4 > Kann man so einen Schlitten wenden? 5 > Hier hat ein Auto gewendet. 6 > Ein Tier, das die Füße nicht hochgenommen hat. 7 > Kullernder Schneeball. 8 > Häschen, hüpft! 9 > Treckerreifen. 10 > Zwei Schlitten. 11 > Ein Hund hat sich gekratzt. 12 > Schneemannkugel. 13 > Hat dieser Mensch etwas gesucht? 14 > Pferdehufe. 15 > Landungsspuren nach dem Rutschen. 16 > Merkwürdige Reifenspuren. 17 > Der Schnee ist auf den Bäumen geschmolzen, das Wasser heruntergetropft.

IST DAS SO?

Hast du dich auch schon mal über ganz alltägliche Dinge gewundert? Und dann war doch keine Zeit, um der Sache auf den Grund zu gehen? Hier gibt's Forscherfragen, die ideal sind, wenn du in fünf Minuten mehr von der Welt verstehen willst:

Warum klebt Wasser?

Nach dem Baden kleben nasse Haare zusammen, nach dem Föhnen gehen sie wieder auseinander. Komisch!

```
Deine Forschersachen
zwei Gläser, Wasser, zwei Postkarten, Münzen
```

Kennst du das?
▶ Wenn man Sachen nass macht, verändern sie sich. Mit trockenem Sand kann man zum Beispiel keine Burg bauen, mit nassem schon. Wasser sorgt also dafür, dass Dinge aneinanderkleben. Aber wie?

Losforschen!
▶ Fülle ein Glas randvoll mit Wasser und lege eine Postkarte so darauf, dass sie die ganze Wasseroberfläche bedeckt und gleichzeitig auf einer Seite des Glases deutlich übersteht. Drücke die Karte fest aufs Wasser. Lege auf das andere, leere Glas die zweite Postkarte. Ebenfalls so, dass eine Seite übersteht. Lege nun abwechselnd eine Münze nach der anderen auf die überstehenden Postkartenseiten. Was passiert? Die eine Postkarte fällt vermutlich schon bei der ersten Münze vom Glas. Die andere bleibt auf der Wasseroberfläche liegen, das Wasser hält sie nämlich fest.

Was macht Wasser so stark?
▶ Die Kraft, die dafür sorgt, dass alle Wasserteilchen immer ganz dicht beieinanderbleiben, heißt Anziehungskraft (oder Adhäsion). Sie zieht aber nicht nur die Wasserteilchen untereinander an, sondern auch die Teilchen anderer Stoffe. In diesem Fall die von der Postkarte – und nach dem Baden die Haare.

Wieso braucht man Seife?

Ein bisschen Seifenschaum macht sogar die schmutzigsten Pfoten wieder sauber. Woran liegt das?

<u>Deine Forschersachen</u>
ein Streichholz, Spülmittel, eine große Schüssel, Wasser

Losforschen!
▶ Fülle die Schüssel mit Wasser. Tauche das hintere Ende deines Streichholzes in das Spülmittel. Ein Tropfen genügt! Dann setzt du das Streichholz an den Rand der Schüssel – und ab geht die Post …

Warum fährt das Streichholz von selbst durchs Wasser?
▶ Hast du dir schon mal eine Wasseroberfläche genau angeschaut? Die einzelnen Teilchen, aus denen Wasser besteht, bleiben so eng zusammen, dass die Oberfläche fast wie eine Haut aussieht. Spülmittel, Seife und alle Waschmittel zerstören jedoch den Zusammenhalt zwischen den Wasserteilchen. Schon ein Tropfen Spülmittel genügt, und die Wasseroberfläche reißt auf. In diesem Fall passiert das genau hinter dem Streichholz, das davon angetrieben wird. Und was hat das mit dem Waschen zu tun? Alle Waschzusätze sorgen dafür, dass das Wasser nicht mehr so gut zusammenkleben kann. Sie machen das flüssige Wasser also noch flüssiger. Außerdem können sie noch etwas: Fett anziehen. Das passt gut zum Schmutz, der ist nämlich meist öl- und fetthaltig. Deshalb wird alles supersauber: Schmutzfinken, Dreckspatzen … und wer oder was dir sonst noch einfällt.

Wie funktioniert eine Batterie?

Eine volle Batterie wiegt genauso viel wie eine leere. Was verschwindet dann überhaupt daraus?

```
Deine Forschersachen
```
ein Stück Alufolie, etwa so breit und so lang wie deine Hand, ein Teelöffel aus Metall

Losforschen!
▶ Falte die Alufolie schön eng zu einer festen Rolle zusammen. Anschließend nimmst du die Rolle in die eine Hand, den Löffel in die andere. Wichtig ist, dass beides etwa gleich lang ist. Dann hältst du von beiden Dingen jeweils ein Ende an deine Zunge – dort dürfen sie sich aber nicht berühren. Alles klar? Oben alles so lassen und jetzt die unteren Enden von Löffel und Rolle zusammenbringen. Spürst du ein merkwürdiges Gefühl oder einen eigenartigen Geschmack auf der Zunge?

Was kitzelt auf der Zunge?
▶ Das ist die elektrische Spannung. Dort spürst du, was auch in einer Batterie unterwegs ist: wandernde Elektronen. Weil unser Nervensystem zufälligerweise auch elektrisch funktioniert, können wir sie so gut fühlen. Mit den Elektronen ist es so: Manche Dinge haben zu viele davon und wollen sie gern loswerden. Andere haben wiederum zu wenige und hätten gern mehr. Wenn man die beiden miteinander verbindet, fließt ein Strom, und zwar aus Elektronen. Von dort, wo zu viele sind, dorthin, wo welche fehlen. In einer Batterie wird dieses Ungleichgewicht chemisch hergestellt. Und wenn es ausgeglichen wurde, sagen wir, dass die Batterie leer ist. Dabei ist alles noch drin, es tut sich nur nichts mehr, weil keine Seite mehr was haben oder hergeben möchte. Deshalb sind Batterien immer gleich schwer. Egal ob leer oder voll.

Was macht elektrisch?

Merkwürdig: Wenn du im Winter deine Mütze ausziehst, stehen die Haare vom Kopf ab. Warum?

<u>Deine Forschersachen</u>
ein Luftballon, ein Pullover, ein dünner Wasserstrahl

Kennst du das?
▶ Erst nimmst du im Winter die Mütze vom Kopf und die Haare stehen komisch ab, dann ziehst du deinen Fleecepulli aus und es knistert unangenehm. Was da los ist, kannst du untersuchen:

Losforschen!
▶ Nimm den aufgepusteten Luftballon mit zum Waschbecken und drehe den Wasserhahn gerade so viel auf, dass du einen dünnen Wasserstrahl erhältst. Reibe den Ballon ein paar Sekunden lang fest an deinem Pulli und halte ihn dann in die Nähe des Wasserstrahls. Was jetzt passiert, sieht aus wie Zauberei, oder?

Was macht der Ballon mit dem Wasserstrahl?
▶ Unglaublich: Der Ballon lockt den Wasserstrahl so sehr an, dass der nicht mehr einfach nach unten fällt, sondern eine Kurve macht. Wie geht das? Das Geheimnis liegt darin, dass du den Ballon vorher am Pulli gerieben hast. Wenn sich zwei Dinge aneinanderreiben, geht das nämlich wunderbar mit dem Austausch von Elektronen. Auf der gegenüberliegenden Seite hatten wir das ja schon mit den Stoffen, die Elektronen haben oder loswerden wollen. Dabei wenden sie viel Kraft auf. Zum Beispiel so viel, dass die Haare abstehen, wenn sich die Mütze daran gerieben hat, oder der Fleecepulli knistert. Und wenn sich Wolken aneinanderreiben, entsteht auch Elektrizität: ein Gewitter mit Blitz und Donner.

Was macht Papier stabil?

Mit einem Trick wird Papier richtig stark: Dann kann man daraus sogar eine Brücke für kleine Autos bauen.

Deine Forschersachen
zwei Bauklötze, drei Bogen Kopierpapier, ein Spielauto, eine Schere, zwei leere Streichholzschachteln

Losforschen!
▶ Nimm dir ein Blatt und versuche es so über die beiden Klötze zu legen, dass du das Auto daraufstellen kannst. Mach mit dem Papier, was du willst, nur Kleber ist tabu.

Was hast du über das Papier herausgefunden?
▶ Sobald du das Papier faltest, wird das Papier so stabil, dass es ein kleines Auto tragen kann. Wie widerstandsfähig Knicke ein Papier machen, kannst du auch anders ausprobieren: Versuch zwei Bogen Kopierpapiere so kleinzukriegen, dass sie jeweils in eine Streichholzschachtel passen. Das eine Papier darfst du zerschneiden, das andere nur falten. Wetten, dass die Knicke das Papier zu sperrig, also zu stark machen?

Wie verändern Falten und Knicke das Papier?
▶ Nach dem Falten ist ein Papier nicht mehr nur flach, sondern auch hoch. Zumindest ein bisschen. Das reicht aber schon, damit es drei Richtungen erhält, auf die es Gewicht verteilen kann: Länge, Breite, Höhe. Das ist der Grund, warum es Knicke so stark machen.

Was können wir von Pflanzensamen lernen?

Ahornsamen trudeln dank ihrer Flügel sanft zu Boden – und sind Vorbild für neue Hubschrauber.

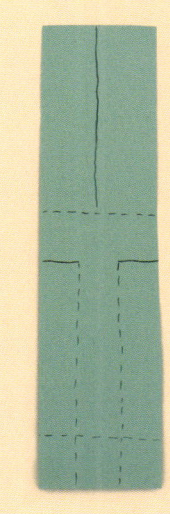

Deine Forschersachen
Kopierpapier, Lineal, Schere, eine Büroklammer

Losforschen!
▶ Rechts oben siehst du ein Papiermodell zum Nachmachen, das wie ein Ahornsamen trudeln kann. Messe für die lange Seite 18 Zentimeter aus und für die breite Seite 4,5 Zentimeter. Zeichne die Linien so ein wie auf dem Modell. Schneide erst das ganze Rechteck aus und dann die durchgezogenen Linien ein. Falte die Flügel entlang der gestrichelten Linie, sodass sie waagerecht stehen. Falte dann die beiden unteren Außenflächen zur Mitte. Knicke anschließend das untere Ende nach oben und befestige es mit der Büroklammer. Das macht den Hubschrauber unten schwerer. Fertig! Jetzt brauchst du nur noch einen erhöhten Platz, zum Beispiel auf der obersten Treppenstufe, um ihn von dort aus runterfallen zu lassen.

Können wir etwas vom Flug der Samen lernen?
▶ Und ob! Die Propeller der Samen von Ahornbaum oder Esche sorgen für einen drehenden Flug um sich selbst und damit für eine sanfte Landung. Kein Wunder, dass sich Wissenschaftler genau anschauen, wie sie das machen. Nach dem Vorbild von Eschensamen kann man tatsächlich Propeller bauen. Der Gyrocopter, das ist eine Art kleiner Hubschrauber, hat ähnliche Flugeigenschaften wie der Ahornsamen. Und die Samen eines ostasiatischen Kürbisgewächses wurden für den ersten Nurflügler nachgebaut, das ist ein Flugzeug, das nur aus Flügeln besteht.

Was braucht eine Kerze zum Brennen?

Klar, eine Flamme muss man vor Wind und Wasser schützen, sonst geht sie aus. Was löscht sie noch?

Deine Forschersachen
zwei Teelichte, zwei Untertassen, zwei unterschiedlich große Gläser, Streichhölzer oder Feuerzeug

Was passiert, wenn man die Kerzen mit Gläsern zudeckt?
A ▷ Die Flammen gehen unterschiedlich schnell aus.
B ▷ Die Flammen gehen beide sofort aus.
C ▷ Die Flammen brennen unverändert weiter.
D ▷ Die Flammen brennen heller.
Na, was meinst du? Probier's einfach mal aus:

Losforschen!
▶ Zuerst stellst du je ein Teelicht auf eine Untertasse. Lass dir beim Anzünden helfen! Danach stülpst du die Gläser über die Teelichte, sodass sie wie unter einer Glocke stehen. Und? Eine Flamme geht nach der anderen aus. (Richtig war also Antwort A. Hast du darauf getippt?) Dass das so ist, liegt an der Luft, die fehlt. Sie kommt nicht mehr unter die Gläser. Kerzenflammen brauchen jedoch den darin enthaltenen Sauerstoff. Deshalb geht die Kerze aus, sobald er aufgebraucht ist. Vielleicht hast du auch schon mal gehört, dass man diesen Effekt nutzt, wenn etwas zu brennen anfängt. Man kann zum Beispiel eine Decke über die Flammen werfen, um sie zu ersticken. Die Feuerwehr nutzt Schaum dazu.

Wie kann eine Kerzenflamme einen Schatten werfen?

Wie kann etwas, das selbst hell ist, einen dunklen Schatten werfen? Eigentlich unlogisch.

```
Deine Forschersachen
Sonne, eine brennende Kerze, eine Untertasse, eine Lupe
```

Wann kann man den Schatten einer Flamme sehen?
▶ Unter einer ganz bestimmten Bedingung: Die Flamme muss von einem Punktstrahler angeleuchtet werden. Das kann eine starke Taschenlampe sein oder – viel besser! – die Sonne. Denn obwohl die Sonne eine riesige Oberfläche hat, strahlt sie die Erde aufgrund der großen Entfernung wie eine riesige Taschenlampe an. Deshalb funktioniert es mit der Sonne in diesem Fall so gut.

Losforschen!
▶ Such an einem richtig sonnigen Tag eine weiße Wand, die direkt von der Sonne angestrahlt wird. Lass dir dabei helfen, wenn du die Kerze davorstellst und anzündest. Wenn alles gut geht, solltest du auf der Wand einen Schatten der Flamme sehen.

Wo kommt der Schatten her?
▶ In der Flamme leuchtet eine Wolke mit Millionen winziger Rußteilchen. Du kannst sie sichtbar machen, wenn du eine Untertasse aus Porzellan in den hellen Teil der Flamme hältst, darauf bildet sich sofort eine schwarze Schicht. Das sind die Rußteilchen, die für den Schatten sorgen. Schau sie dir mit der Lupe an!

Warum haben wir zwei Augen?

Vieles an uns gibt es gleich zweimal. Hier erfährst du, warum das zum Beispiel fürs Sehen wichtig ist.

<u>Deine Forschersachen</u>
dein Daumen

Losforschen!
▶ Dass jedes Auge dem Gehirn ein anderes Bild liefert, kannst du leicht überprüfen. Halte mit ausgestrecktem Arm einen Daumen hoch und schaue ihn mit einem Auge an. Dein anderes Auge halte mit der anderen Hand zu. Merk dir, was hinter dem Daumen zu sehen ist, etwa eine Blumenvase, ein Baum, ein Bild an der Wand. Jetzt schau immer abwechselnd mal mit dem linken, mal mit dem rechten Auge auf den Daumen. Interessant: Hinter dem Daumen springt der Hintergrund hin und her – obwohl du den Daumen ganz ruhig hältst.

Warum springen die Dinge hin und her?
▶ Das rechte und das linke Auge sehen leicht verschiedene Dinge. Erst im Gehirn werden beide Bilder zusammengefügt. Dabei passiert etwas ganz Wichtiges: Weil aus zwei Bildern eines wird, sehen wir die Welt dreidimensional. Das hilft uns, die Entfernung von Gegenständen einzuschätzen. 3-D kennst du vielleicht aus dem Kino: Zweidimensionale Filme liefern ein flaches Bild. In 3-D-Filmen kommt noch eine dritte Dimension dazu: die Tiefe.

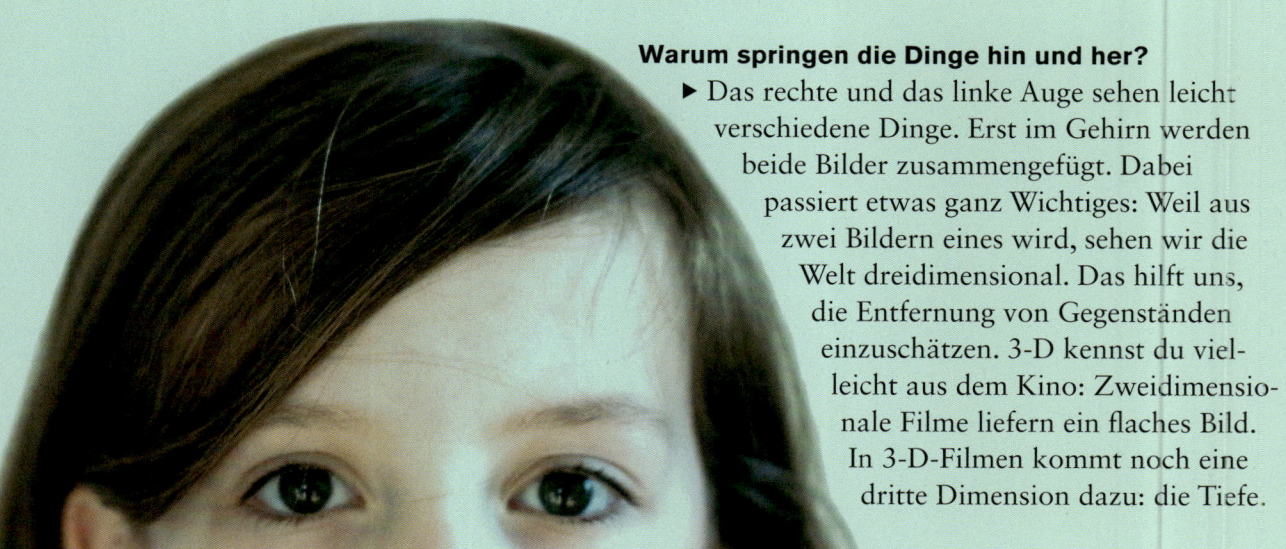

Wie sieht man (noch) mehr?

Manche Dinge betrachtet man besser durch ein Fernglas oder eine Lupe. Aber auch eine Papprolle hilft weiter.

```
Deine Forschersachen
eine Papprolle
```

Losforschen!
▶ Die Welt entdecken hat immer auch mit gut Hingucken zu tun. Schaue dich deshalb in Ruhe um. Merke dir, was dir dabei auffällt und woran dein Blick hängen bleibt. Was zieht deinen Blick auf sich? Wo bleibt er hängen? Wenn das langweilig wird, geht's weiter: Schaue mit einem Auge durch die Papprolle und halte das andere mit der freien Hand zu. Auf diese Weise nimmst du immer nur einen Ausschnitt der Welt wahr. Was siehst du jetzt? Vergleiche deine Eindrücke mit denen von vorhin, als du noch mit beiden Augen geguckt hast. Auf welche Weise entdeckst du mehr?

Warum sieht man manchmal mehr, obwohl man eigentlich weniger sieht?
▶ Der Grund dafür ist ganz einfach: Wenn man nicht mehr alles auf einmal erfassen kann, sondern nur einen kleinen Ausschnitt sieht, nimmt man das Wenige sehr genau wahr. Für Forscher ist es wichtig, immer wieder diesen konzentrierten Blick zu üben. Viele Lösungen und Antworten liegen tatsächlich oft auf der Hand – man übersieht sie bloß, wenn man zu oberflächlich guckt.

Wie kann man herausbekommen, wie es früher wirklich war?

Wie haben sich deine Eltern kennengelernt? In fünf Minuten weißt du es – wetten?

Deine Forschersachen
Neugier und gute Fragen

Wie findet man denn gute Fragen?
▶ Man erkennt sie daran, dass man damit gleich mittendrin im Forschen ist. Also Neues lernt und Dinge besser versteht – zum Beispiel auch die eigene Vergangenheit. Es gibt ja eine Zeit, in der man noch so klein war, dass man sich gar nicht mehr daran erinnern kann. Geschichtsforscher versuchen herauszufinden, warum die Dinge früher so passiert sind und nicht anders. Und du kannst viel über deine eigene Vergangenheit herausfinden – und über die deiner Eltern, Großeltern, Urgroßeltern, Ururgroßeltern. Wie gesagt, du musst nur fragen.

Losforschen!
▶ Wenn du Fragen stellst und spannende Antworten bekommst, dann ist das bereits Forschen. Wenn du noch mehr herausfinden willst, dann kannst du einen Trick verwenden, den auch Wissenschaftler nutzen: Stell mehreren Leuten die gleichen Fragen. Wenn du zum Beispiel wissen willst, was du als Kleinkind besonders gern gegessen hast, frag deine Eltern, deine Oma, deinen Opa und wen du sonst noch kennst, der dir Auskunft darüber geben könnte. Aus den Antwort-Puzzlestückchen kannst du dir dann ein ziemlich genaues Bild machen.

Wie kann man langsame Veränderungen sichtbar machen?

Dein Lieblingsbaum ist immer noch nicht wieder grün? Erforsche ihn!

<u>Deine Forschersachen</u>
offene Augen, eine Fotokamera

Warten nervt?!
▶ Forschen heißt oft leider auch Warten: auf Blumensamen, die sich kein bisschen mit dem Wachsen beeilen. Auf eine Banane, die nicht braun werden will. Auf Toastscheiben, die sich mit dem Schimmeln Zeit lassen. Und vieles, vieles mehr. Wenn du wieder einmal warten musst, mach noch eine Extraforschersache daraus und fotografiere die kleinen Veränderungen Schritt für Schritt. Forscher nennen das übrigens Dokumentieren.

Losforschen!
▶ Wenn du gerade auf kein Versuchsergebnis wartest, such einfach nach einer Sache, die sich nur langsam verändert, und fotografiere sie. Zum Beispiel einen Strauß Tulpen, der langsam die Köpfe hängen lässt, einen wandernden Schatten, den Wolkenhimmel. Hol im Winter einen Teller voll Schnee rein und lass ihn drinnen langsam tauen. Noch ein Tipp: Wenn du viele Veränderungsbilder gesammelt hast, kannst du sie ausdrucken und daraus ein Daumenkino basteln. Wie das geht, siehst du auf Seite 96.

Wie findet man sich am Sternenhimmel zurecht?

Auch wenn es so scheint: Sterne blinken nicht irgendwo herum, sondern befinden sich genau an ihrem Platz.

Deine Forschersachen
offene Augen, eine sternenklare Nacht in dunkler Gegend

Losforschen!
▶ Schau dir einmal die Abbildung ganz links an. Das ist das Sternbild Großer Wagen. Dort siehst du, dass es aus sieben Sternen besteht. So wie in der Zeichnung entsteht jedes Sternbild immer erst dann, wenn man sich Linien zwischen den Sternen vorstellt – genauso wie beim Malen nach Zahlen! Hier ergeben vier Sterne eine Kiste, die drei anderen sind die Deichsel. (Deichsel nennt man den langen Stiel mit Griff, an dem ein Bollerwagen gezogen wird.) Aber Achtung: Mal steht der Große Wagen auf der Deichsel, mal auf dem Kopf und mal auf den Hinterrädern!

Was ist das Besondere am Großen Wagen?
▶ Man kann ihn das ganze Jahr über zu jeder Nachtstunde sehen – vorausgesetzt natürlich, dass sich keine Wolkendecke dazwischenschiebt. Und: Mit seiner Hilfe kann man sich gut am Himmel orientieren. Zum Beispiel, um den Polarstern zu finden: Verlängere dazu die Hinterachse des Wagens etwa fünfmal, dann landest du genau beim Polarstern. Den erkennst du übrigens auf Anhieb, wenn du erst mal in seine Richtung schaust, weil er ganz besonders hell ist. Der Polarstern wird auch Himmelsnordpol genannt, weil er immer im Norden steht.

Wie kann man von oben auf die Sterne gucken?

Schau doch mal nicht zu den Sternen HOCH, sondern zu ihnen RUNTER. Das geht nicht? Probier's aus!

<u>Deine Forschersachen</u>
ein klarer Sternenhimmel, eine Decke

Sind Sterne tatsächlich immer oben?
▶ Wenn man nachts draußen ist, kann man das durchaus glauben. Aber du hast bestimmt schon einen Globus gesehen. Und wenn du dir vorstellst, dass die Erde rund ist und dass man nachts die Sterne von jedem Punkt der Erde aus sehen kann, von oben, von der Seite, von unten ... dann wird plötzlich alles möglich!

Losforschen!
▶ Such dir einen schönen Platz auf einer Wiese, von dem aus du gut die Sterne sehen kannst. Leg dich mit dem Rücken auf deine Decke. Wichtig ist, dass du richtig bequem liegst. Schau erst einmal einfach nur in den Himmel. Tauche in die ganze Weite ein, mit der er sich vor dir ausbreitet. Und dann dreh das Bild langsam um: Stell dir vor, dass die Erde dich sicher festhält und unter dir die Sterne blinken.

Noch ein Tipp:
▶ Falls es dir schwerfällt, dir das Ganze vorzustellen, kannst du auch einfach mal das Buch nach links drehen, sodass das Mädchen oben liegt und – genau! – auf den Himmel hinunterschaut. Darum geht's!

Wie züchtet man Fruchtfliegen?

Fruchtfliegen mag keiner so richtig – außer Forschern. Für die sind sie ganz schön spannend.

Deine Forschersachen
Sommer, eine Banane mit Schale, ein Glas,
ein Papiertaschentuch, ein Haushaltsgummi

Was ist interessant an Fruchtfliegen?
▶ Erstens: Findet sich erst mal ein Fruchtfliegenpaar, können es in nur einem Monat Hunderttausende werden. Zweitens: Forscher haben festgestellt, dass sich viele ihrer Gene auch im Menschen befinden. Mithilfe der kleinen Fliegen hat ein Forschungsergebnis sogar schon den Nobelpreis bekommen. Und das ist immerhin der wichtigste Forscherpreis der Welt!

Losforschen!
▶ Fruchtfliegen kannst du auch ganz leicht selber züchten: Schneide die ungeschälte (!) Banane in Scheiben. Lege sie in ein Glas und stell es an einen hellen, warmen Ort, bis die Banane schwarz wird. Bis dahin haben sich sicherlich ein paar Fruchtfliegen gefunden. Dann deckst du das Glas mit dem Papiertaschentuch zu und fixierst es mit einem Gummiring über dem Rand. Beobachte, wie sich die Fliegen innerhalb weniger Tage rasant vermehren. Wenn du genug davon hast, leere das Glas draußen aus.

Wo sind die Fruchtfliegen im Winter?
▶ Sobald es draußen kühler wird, verschwinden die kleinen Fliegen. Wohin genau sie sich bis zum nächsten Sommer verziehen, ist immer noch ein ungelöstes Rätsel. Vielleicht wirst du es ja mal knacken!

Woran erkennt man ein Insekt?

An der Größe? An der Anzahl der Beine? An der Farbe? Naaa, gar nicht so leicht, oder?

Deine Forschersachen
eine Becherlupe, ein Krabbeltier, Papier und Stifte

Losforschen!
▶ Stifte und Papier liegen bereit? Ein Krabbeltier sitzt in der Becherlupe? Wunderbar! Dann schau es dir erst einmal genau an. Hat es Flügel? Dann ist es auf jeden Fall ein Insekt. Hat es sechs Beine? Dann ist es auch eines, selbst wenn es keine Flügel hat. Hat es Antennen am Kopf? Auch das ist typisch für ein Insekt. Spinnen, Hundertfüßer, Tausendfüßer oder Kellerasseln gehören also nicht zu den Insekten, bei ihnen muss man nämlich alle drei Fragen mit Nein beantworten. Trotzdem sind sie mit den Insekten verwandt, denn die ganzen kleinen Krabbler gehören zur Gruppe der Gliederfüßer.

Worauf muss man beim Zeichnen achten?
▶ Um forschen zu lernen, muss man kein Künstler werden. Aber es ist praktisch, wenn man eine ordentliche Skizze hinbekommt, weil man so viel dabei über die Sache erfährt. Es kommt deshalb darauf an, dass du deine wichtigsten Beobachtungen einfängst. Hier etwa die Zahl und die Form der Beine. Die Größe des Kopfes im Vergleich zur Größe des Körpers. Die Farbe. Vielleicht ein besonderes Muster auf dem Rücken. Schau dir diese Dinge gut an und übertrage sie auf dein Blatt. Wenn du fertig bist, vergiss nicht, dein Krabbeltier wieder nach draußen zu bringen!

Was passiert mit dem Wasser, wenn man diesen Eimer auf den Kopf stellt?

Keine Frage: Der Boden wird nass! Hast du eine Idee, wie das Wasser trotzdem im Eimer bleiben kann?

<u>Deine Forschersachen</u>
draußen etwas Platz, ein kleiner, zur Hälfte mit Wasser gefüllter Eimer

Losforschen!
▶ Nimm den Eimer in die Hand und schwenk ihn am ausgestreckten Arm hin und her, bis auf die Höhe deiner Schultern. Du merkst schon, solange du mit genügend Tempo und in gleichmäßigem Rhythmus arbeitest, bleibt das Wasser im Eimer. Lass den Eimer schließlich am langen Arm neben deinem Körper ganze Kreise drehen, sodass kein Tropfen danebengeht. Wenn du mutig bist, kannst du mal ausprobieren, wie langsam du dabei werden kannst, ohne nass zu werden.

Was hält das Wasser im Eimer?
▶ Das ist die sogenannte Fliehkraft. Sie sorgt dafür, dass das Wasser auf den Boden des Eimers gedrückt wird. Fliehkraft braucht allerdings immer Schnelligkeit, damit sie stärker ist als die Schwerkraft. Die Schwerkraft sorgt nämlich sonst dafür, dass das Wasser auf dem Boden landet. Das kennst du auch vom Radfahren: Das ist nämlich eine Frage des Tempos. Wenn man schnell genug radelt, wird's immer leichter, weil man die Schwerkraft überwindet.

Was trocknet nasse Sachen besonders schnell?

Nein, der Wäschetrockner wird nicht gesucht, auch wenn er nach dem gleichen Prinzip funktioniert.

Deine Forschersachen
zwei nasse Lappen, eine Wäscheklammer, eine Gefrierdose

Losforschen!
▶ Mach beide Lappen nass und hänge einen davon draußen auf. Wenn du keinen Wäscheständer oder keine Leine zum Aufhängen hast, kannst du auch einen Zaun nehmen. Leg den anderen Lappen in die Gefrierdose, der Deckel kann dabei offen bleiben. Schau ein paar Stunden später nach beiden Lappen. Welcher ist in der Zwischenzeit getrocknet, welcher nicht?

Warum ist nur ein Lappen trocken?
▶ Nicht nur die Sonnenstrahlen helfen beim Wäschetrocknen, dafür ist vor allem der Wind verantwortlich. Er sorgt für eine schnelle Verdunstung der Feuchtigkeit, weil er die feuchte Luft einfach wegbläst. Das kennst du vom Haareföhnen, da beschleunigt der künstliche warme Wind auch das Trocknen. Beim Wäschetrockner ist das auch so.

Was ist, wenn's draußen friert?
▶ Dann klappt das Wäschetrocknen dort trotzdem schneller als im Haus. Dafür sorgt eine Besonderheit des Wassers, das unter bestimmten Voraussetzungen direkt vom gefrorenen in den gasförmigen Zustand überwechselt. Die Wäsche ist dann zwar kalt, aber trocken.

Wie kann man Bäumen beim Trinken zuhören?

Du denkst, das ist ein Scherz? Lass dich im nächsten Frühling einfach mal überraschen!

Deine Forschersachen
Frühlingsanfang, eventuell ein Stethoskop (das ist das Gerät, mit dem ein Arzt Herztöne abhört), eine Birke

Losforschen!
▶ Am Anfang des Frühlings, wenn es nachts noch friert und tagsüber taut, ist der Saftstrom in den Bäumen besonders stark. Die Wurzeln nehmen jetzt viel Wasser auf, damit sich die Blätter schnell entwickeln können. Mit etwas Glück kannst du es bereits hören, wenn du dein Ohr an den Stamm legst. Mit einem Stethoskop klappt es allerdings noch besser.

Wie kommt das Wasser von unten nach ganz oben?
▶ Was sich nach einer richtigen Kraftanstrengung anhört, passiert ganz automatisch. An den vielen Blättern in der Baumkrone verdunstet nämlich ständig Wasser. Blätter haben an ihren Unterseiten viele kleine Poren, über die sie Wasser verdunsten. Das ist wichtig im Sommer, es kühlt den Baum nämlich. Das kannst du gut mit uns Menschen vergleichen, wenn wir schwitzen. Wir müssen dann viel trinken, und der Baum tut das auch. Weil er so viel Wasser verliert, entsteht in den dünnen Gefäßbahnen hinter der Rinde ein Sog, der das Wasser von den Wurzeln nach oben zieht.

Wie erkennt man im Winter eine Birke?

Kein Blatt, keine Blüte, keine Frucht hängt im Winter am Baum – und es geht trotzdem!

Deine Forschersachen
Kopierpapier, Wachsmaler, mehrere Baumarten

Rau oder glatt?
▶ Wenn du mit den Händen über einen Baum streichst, kannst du fühlen, dass seine Rinde eine spezielle Struktur hat. Schließe deine Augen dabei, um ihre Beschaffenheit besonders gut wahrzunehmen. Daraus kannst du sogar ein Spiel machen: Gelingt es dir, den Baum später unter mehreren anderen mit offenen Augen wiederzufinden? Einige Bäume mit sehr typischen Eigenheiten kennst du vielleicht schon. Zum Beispiel das schwarz-weiße Muster der Birke. Auch den glatten, silbrigen Stamm der Rotbuche kann man sich gut merken. Genau wie Kastanie, Ahorn und Eiche. Im Internet findest du viele Bilder zu Rinden und Borken aller heimischen Baumsorten unter *www.baumkunde.de*, „Baumbestimmung" anklicken.

Losforschen!
▶ Nimm das nächste Mal ein paar Blätter Papier und Wachsmaler mit nach draußen. Entferne bei den Stiften das Papier, damit du mit der breiten Seite malen kannst. Halte ein Blatt Papier auf dem Stamm fest und reibe mit dem Wachsmaler darüber. Wie von Zauberhand entsteht auf dem Papier die Rindenstruktur. Wie viele verschiedene Strukturen findest du? Kannst du die Bilder danach ordnen? Zum Beispiel von ganz glatt bis hin zu ganz rau?

Warum mögen sich Öl und Wasser nicht?

Wenn man eingecremte Hände ins Wasser hält, perlt das Wasser auf der Haut einfach ab. Wieso?

Deine Forschersachen
ein großes Glas, Tinte, Wasser, Salatöl

Losforschen!
▶ Fülle das Glas mindestens zur Hälfte mit Wasser und gieße langsam Öl nach. Du wirst sehen: Es legt sich oben auf das Wasser. Träufle dann ein paar Tropfen Tinte auf die Ölschicht. Spannend, was jetzt passiert: Die Tintentropfen sinken als kleine Kugeln durch das Öl. Doch sobald sie das Wasser erreichen, lösen sie sich darin auf.

Warum macht die Tinte das?
▶ Tinte und Wasser sind sich ganz ähnlich und deshalb mögen sie sich. Aber Öl ist hydrophob. Das Wort kommt aus dem Griechischen: „hydro" heißt Wasser und „phob" heißt ängstlich. Öl hat natürlich keine Angst vor Wasser oder Tinte, aber es kann sich nicht mit ihm verbinden. Beim Wasser ist es genauso: Es will nichts mit dem Öl zu tun haben, deshalb bleiben auch die Wasserteilchen so eng zusammen, dass kein Tropfen Öl dazwischenkommt. Deshalb perlt das Wasser auf deinen eingecremten Händen einfach ab.

Und weshalb schwimmt das Öl auf dem Wasser?
▶ Weil es leichter als Wasser ist. Ein Liter Öl wiegt weniger als ein Liter Wasser. Wie das möglich ist, erfährst du auf der nächsten Seite.

Warum können manche Dinge schwimmen?

Den Spruch kennst du sicher: Was leichter als Wasser ist, schwimmt. Aber was bedeutet das eigentlich?

```
Deine Forschersachen
Sand, kleine Steine, zwei Becher, eine Haushaltswaage
```

Was macht das Wasser so schwer?
▶ Das hat mit einer Sache zu tun, die Dichte genannt wird. Dicht ist, wenn etwas ganz dicht beieinander ist. In diesem Fall sind es die Teilchen des Wassers. Und weil alles, was es gibt, aus kleinen Teilchen zusammengesetzt ist, sind es die leichten Dinge natürlich auch. Aber eben nicht so dicht, sondern mit mehr Platz dazwischen.

Losforschen!
▶ Fülle einen Becher voll Sand und den anderen mit kleinen Steinen. Vielleicht kannst du es schon am Gewicht mit der Hand spüren (sonst nutze die Waage!): Ein Becher ist jetzt schwerer als der andere – obwohl Sand und Steine aus dem gleichen Material sind. Doch einmal passt viel leichte Luft zwischen die einzelnen Teile und einmal nicht. So kannst du es dir mit der Dichte bei allen Dingen vorstellen.

Weshalb sieht unter Wasser alles größer aus?

Hast du schon mal eine riesige Muschel aus dem Meer geholt und draußen sah sie viel kleiner aus?

Deine Forschersachen
eine Badewanne voll Wasser und Dinge, die nicht schwimmen können

Losforschen!
▶ Suche nach schweren Dingen, die du beim nächsten Bad mit in die Wanne nehmen darfst. Wenn du im Wasser sitzt, lege alles auf den Wannenboden und schaue dir die Sachen an. Präge dir ein, wie groß sie dir erscheinen. Dann hole sie aus dem Wasser und guck mal, wie groß sie jetzt aussehen.

Was ist im Wasser anders als in der Luft?
▶ Das Tempo des Lichts. Im Wasser bewegt es sich langsamer als in der Luft. Das gebremste Licht gaukelt uns vor, dass die Dinge in der Badewanne oder die Muscheln auf dem Meeresgrund näher scheinen, als sie es eigentlich sind. Und alles, was wir von Nahem sehen, sieht ja größer aus. Unser räumliches Sehen ist an Luft gewöhnt, und wir können uns nicht auf die Bedingungen im Wasser umstellen. Auf Fischfang spezialisierte Tiere, wie Fischreiher oder Eisvögel, schaffen das jedoch. Und das gilt auch in der anderen Richtung: Fische, die nach Insekten über dem Wasser jagen, treffen ihr Ziel auch in der Luft!

Was ist wie lang und warum?

In der Ritterzeit wurde nicht in Metern gemessen, sondern zum Beispiel in Fuß oder Elle. War das fair?

<u>Deine Forschersachen</u>
du selbst

Warum gibt es den Meter?
▶ Früher legten die Könige fest, dass ihre Körpermaße die Einheit sein sollten, die für alle gelten. Wenn Menschen aus verschiedenen Regionen miteinander handeln wollten, stritten sie natürlich darum, ob nun die Länge des Fußes des kleineren oder des größeren Königs galt. Der Händler wollte natürlich das kleinste Maß benutzen, der Kunde das größte. Mit dem einheitlichen Meter fand der Streit ein Ende.

Wie wurde der Meter gefunden?
▶ Vor mehr als 200 Jahren wurde die Welt von zwei Forschern vermessen: Ein Meter sollte der zehnmillionste Teil der Strecke vom Nordpol bis zum Äquator sein. Nach acht Jahren Arbeit lag das Ergebnis vor: ein Stab, genau ein Meter lang.

Losforschen!
▶ Miss doch mal ohne Zollstock oder Lineal etwas aus: einen umgefallenen Baum, dein Zimmer oder deine Eltern. Nutze dabei deine Körpermaße: Eine *Elle* beschreibt die Länge von der Spitze deines kleinen Fingers bis zum Ellenbogen, ein *Fuß* die Länge des Fußes. Eine *Spanne* ergibt sich, wenn man Daumen und Zeigefinger spreizt. Was ist für welche Strecke das sinnvollste Maß?

… kann man erforschen?

Alles! Egal, was dich interessiert,
es ist es wert, erforscht zu werden. Auf den nächsten Seiten findest
du Forscheraufträge, die manchmal ein bisschen verrückt sind.
Denn sie sollen vor allem eines: Lust machen auf noch mehr Forschen!

Sobald man mit dem Forschen angefangen hat, entdeckt man mehr und mehr spannende Dinge. Hier gibt es deshalb noch weitere 52 Forscherideen. Die erste Idee kennst du bereits aus dem vorherigen Kapitel und hast sie vielleicht sogar schon erforscht. Damit du den Überblick behältst, kannst du alles, was du erledigt hast, einfach abhaken!

Erfinde einen Papierkleber. ☒	Falte aus Papier einen Becher und trinke daraus. ☐	Baue etwas aus Müll. ☐
Repariere etwas, das kaputt ist. ☐	Suche einen Gegenstand, den du nicht kennst, und erfinde für ihn einen Namen. ☐	Frage deine Nachbarn, warum ihr Nachbarn geworden seid. ☐
Probiere ein Gemüse, das du noch nie gegessen hast. Beschreibe genau, wie es schmeckt. ☐	Mache 15 Minuten lang alles mit der Hand, mit der du es sonst nicht tust. ☐	Erfinde etwas, das dein Leben erleichtert. ☐
Taste dich mit geschlossenen Augen durch die ganze Wohnung. ☐	Bringe deine Eltern mit einem Luftballon zum Lachen. ☐	Färbe Wasser mit Wasserfarbe bunt und mixe die bunten Wasser anschließend. ☐

- Baue eine Hütte im Wald. ☐
- Liste alle Geräusche auf, die du innerhalb fünf Minuten hörst. ☐
- Schäle eine Kartoffel auf drei verschiedene Weisen. ☐
- Denke dir eine neue Salatsoße aus. ☐
- Finde heraus, wie man am besten ein Waschbecken putzt. ☐
- Fotografiere fünf Gesichter, die du interessant findest. ☐
- Mache ein Foto von der Sonne. ☐
- Staue das Wasser in einem Bach. ☐
- Backe einen Kuchen (ohne Rezept). ☐
- Zeichne dein Fahrrad. ☐
- Schreibe einen Traum auf. ☐
- Sammle fünf gute und fünf schlechte Gerüche. Schreibe zwei Listen. ☐

Balanciere über eine Mauer, und achte darauf, was du dabei mit den Armen machst.
☐

Reiße eine Papierschlange aus einem Bogen Tageszeitung. Hänge sie (im Winter!) über einer Heizung auf.
☐

Mache mit Dingen, die du sammelst, eine Ausstellung in deinem Zimmer.
☐

Pflanze drei verschiedene Samen und beobachte, ob sie unterschiedlich schnell wachsen.
☐

Stelle dich auf den Kopf und betrachte für ein paar Minuten die Welt von unten.
☐

Mache mal zehn Minuten lang gar nichts, und achte darauf, was dabei in deinem Kopf passiert.
☐

Halte drei Mal hintereinander die Luft an und stoppe jedes Mal die Zeit. Verbesserst oder verschlechterst du dich?
☐

Schreibe auf, was dir an deinem Lieblingsplatz gefällt.
☐

- Mache eine Woche lang jeden Tag ein Foto vom Himmel. ☐
- Ohne zu gucken: Was ist unter deinem Bett? ☐
- Beobachte zehn Minuten lang, was vor deiner Haustür passiert. ☐
- Lege drei Sonnenblumenkerne in drei verschiedene Sorten Erde. Beobachte, wie sie sich entwickeln. ☐
- Gib dem heutigen Tag eine Farbe. ☐
- Frage deine Eltern, was ihrer Meinung nach noch erfunden werden muss. ☐
- Sammle Kräuter und Blüten im Garten und mach ein Parfüm daraus. ☐
- Erfinde zehn Wörter einer Geheimsprache. ☐

Male drei verschiedene Obstsorten. ☐	Probiere, was du schmeckst, wenn du dir beim Essen die Nase zuhältst. ☐	Versuche, dich selbst zu kitzeln. ☐
Suche zehn runde Gegenstände. ☐	Iss gleichzeitig etwas Süßes und etwas Salziges. ☐	Lege einen kleinen Barfußparcours an. ☐
Erforsche, worüber deine Freunde lachen, und erfinde einen Witz für sie. ☐	Finde einen Regenbogen. ☐	Schlafe eine Nacht lang in deinem Bett mit dem Kopf am Fußende. ☐
Fotografiere deinen Schatten auf der Straße und auf einer Hauswand. ☐	Suche zehn verschiedene Grüntöne in der Natur. ☐	Gehe 15 Minuten lang jeden Weg rückwärts. ☐

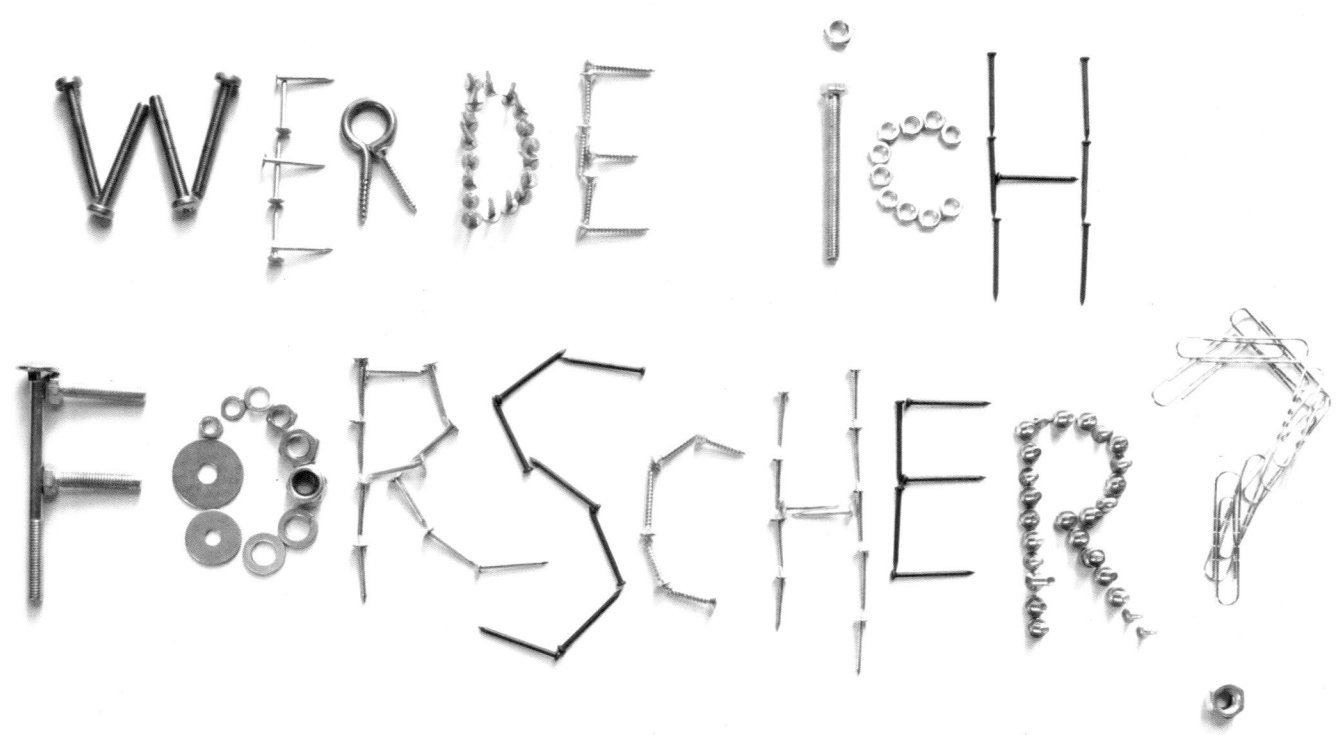

Das kleine Forscher-Abc:
Forschen wird noch interessanter, wenn man die richtigen
Methoden kennt. Hier sind die wichtigsten!

Mit dem Forschen ist es so eine Sache: Mal probiert man etwas aus, mal beobachtet man und mal denkt man einfach nur nach. Aber wann macht man besser das eine und wann das andere? Hier findest du ein paar Ideen dazu und auch, was zum Beispiel mit „Experimentieren" gemeint ist. Vermutlich weißt du vieles davon längst – jetzt lernst du auch noch die richtigen Forscherausdrücke kennen:

A wie ▶ Abbilden

Bilder und Fotos sind wichtig, weil man nicht alles, was man interessant findet, in die Hosentasche stecken oder zu Hause auf die Fensterbank stellen kann. Wir haben zum Beispiel Fotos vom Toastbrot auf Seite 60 gemacht, um zu zeigen, wie Schimmel darauf wächst. Neben dem Fotografieren gibt es noch mehr Techniken. Zeichnen zum Beispiel. Gute Ideen dazu findest du auf Seite 125 (Käfer zeichnen). Was du außerdem unbedingt mal ausprobieren solltest: einen Abdruck von einer Sache zu nehmen. Wie das geht, erfährst du ab Seite 72 (Fische) und auf der Seite 129 (Baumrinde).

B wie ▶ Beobachten

Wenn du etwas über eine längere Zeit sehr aufmerksam anschaust und dir gleichzeitig merkst, was du siehst, beobachtest du. Das ist also etwas anderes, als einfach nur rumzugucken. Beobachten macht man ganz automatisch, wenn etwas Spannendes passiert. Es lohnt sich aber auch, solche Dinge aufmerksam zu betrachten, die nicht so auffällig sind. Dazu muss man allerdings den eigenen Blick ein bisschen schärfen. Eine ganz praktische Anleitung dazu findest du zum Beispiel auf Seite 52 (Loch im Blatt). Genaues Hinschauen lohnt sich übrigens nicht nur beim Forschen, sondern immer: Als guter Beobachter siehst du auch im Alltag viel mehr und dein Leben wird dadurch spannender. Logisch, du bekommst ja auch viel mehr davon mit.

D wie ▶ Durchhalten

Auch beim Forschen klappt nicht immer alles auf Anhieb. Im Gegenteil, es geht oft mehr dabei schief, als einem lieb ist. Dann ist es wichtig, dass man sich nicht entmutigen lässt und aufgibt. Denn die Sache ist die: Nur wenn du einfach immer weitermachst, wirst du irgendwann Erfolg haben. Falls es jedoch mal besonders schwer wird, kannst du ein paar Tricks nutzen. Mach zum Beispiel eine Pause, damit deine Wut verrauchen kann. Bitte jemanden, dass er dir hilft. Erzähle ihm von deinen Problemen. Frag nach, ob er eine Idee dazu hat. Denk an Thomas Alva Edison, der die Glühbirne erfunden hat. Er hat 10.000 Versuche dafür gebraucht. Aber nicht auszudenken, wenn er nicht durchgehalten hätte – oder?

E wie ▶ Experimentieren

Experimentieren heißt, Dinge auszuprobieren, um etwas besser zu verstehen oder herauszufinden. Wenn du spielst, experimentierst du oft ganz automatisch. Das kennst du bestimmt: Du hast eine Idee im Kopf, die du verwirklichen willst. Mal angenommen, du willst eine Höhle bauen. Dann musst du vermutlich ganz schön viel ausprobieren, bis das tatsächlich klappt. Anfangs kracht vielleicht alles immer wieder zusammen, aber irgendwann hast du raus, wie's geht. Dazu kann man auch sagen: Du hast so lange experimentiert, bis es geklappt hat.

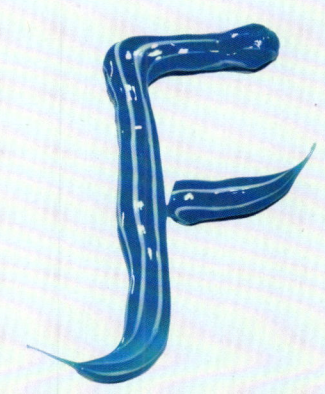
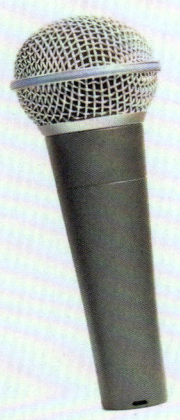

F wie ▶ Fragen stellen

Fragen gibt es jede Menge. Zum Beispiel diese hier: Wie kommen die Streifen in die Zahnpasta? (Dazu ein Tipp: Frag doch mal deine Eltern, ob du eine fast schon leere Tube aufschneiden kannst, um es dir anzuschauen!) Das wirklich winzige Geheimnis der Streifen sitzt meist innen ganz vorn an der Öffnung der Tube. Wenn man dieses Stück gut auswäscht, kann man es prima sehen. Fast alle Dinge, die ganz selbstverständlich zu unserem Alltag gehören, gibt es nur, weil sich vorher jemand gefragt hat: Wie kann ich mir und anderen das Leben ein bisschen leichter oder schöner machen? Auf diese Weise wurden zum Beispiel Autos, Telefone, Waschmaschinen, Staubsauger und Computer entwickelt. Und die Streifen in der Zahnpasta.

I wie ▶ Interviewen

Fragen stellen ist wichtig fürs Forschen, das hatten wir schon. Man kann versuchen, sich die Fragen, die einem einfallen, selbst zu beantworten. Man kann sie aber auch Leuten stellen, die sich mit der Sache auskennen. Das hast du vielleicht schon in den Nachrichten im Fernsehen gesehen: Leute fragen andere Leute, die darauf antworten. Diejenigen mit den Fragen interviewen dann die anderen (gesprochen wird das übrigens „interwjuhen"). Wenn Forscher etwas Bestimmtes herausfinden wollen, über das eine andere Person Bescheid weiß, machen sie das auch. Aber Achtung: Manchmal muss man erst ein bisschen suchen, bevor man jemanden findet, der tatsächlich gut über die Sache Bescheid weiß, die einen interessiert.

L wie ▶ Lesen

Falls du dir selbst deine Fragen nicht beantworten kannst und auch niemanden findest, der es kann, solltest du es in der Bücherei versuchen. Dort wird man dir vielleicht auch nicht gleich die richtigen Antworten geben können. Aber die Bibliothekarin weiß bestimmt, in welchem Buch du sie finden kannst. Es gibt wirklich zu allen Themen großartige Sachbücher, aus denen man ganz viel lernen kann. Und im Internet finden Forscher wie du natürlich auch viele Informationen. Lesen ist wirklich eine großartige Sache, um mehr über die Welt zu erfahren. Deshalb: Lies Bücher, lies Zeitungen, lies den Sternenhimmel, lies in den Gesichtern deiner Freunde. Je mehr du liest, umso besser verstehst du die Welt.

M wie ▶ Messen

Wie klein? Wie groß? Wie schwer? Wie leicht? Wie kalt? Wie warm? Wie schnell? Wie langsam? Wie oft? Wie selten? Wie hell? Wie dunkel? Wie hoch? Wie tief? Durch Messen kann man viel über eine Sache herausfinden. Deshalb brauchen Forscher gute Messgeräte. Zum Beispiel Lineal und Zollstock, eine Waage für schwere Dinge und 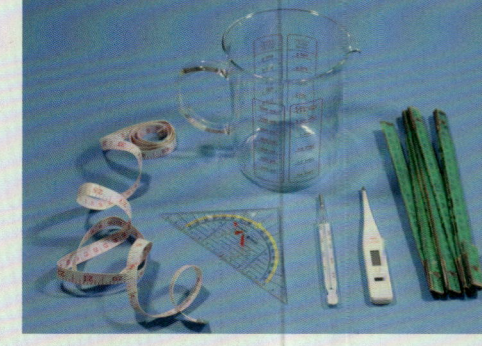 eine Briefwaage für leichte. Ein normales Thermometer und ein Fieberthermometer. Auf Seite 133 steht, wie du viele Strecken mit deinem Körper ausmessen kannst. Und das ist praktisch, denn Hände und Füße hat man ja immer dabei.

N wie ▶ Nachdenken

Nachdenken ist wichtig. Im Leben überhaupt und natürlich auch beim Forschen. Wenn du über eine Sache nachdenkst, fallen dir Fragen oder Lösungen ein. Das Gute daran: Wenn man nachdenkt, ist einem nicht langweilig. Und: Je mehr man nachdenkt, desto besser wird man darin. Denn mit dem Kopf ist es so: Es passt unendlich viel Wissen hinein, und je mehr drin ist, desto leichter wird das Denken. Fang gleich mal an und denk über die folgenden Dinge nach: Was kann man mit einem großen Blatt alles anfangen? Warum kommen die Vögel jedes Jahr im Frühling zurück? (Seite 36) Was macht eine Mütze warm? (Seite 36) Wie entsteht ein Regenbogen? (Seite 40) Was machen die Sterne tagsüber? (Seite 20)

O wie ▶ Ordnen

Forscher ordnen ihre Fundstücke immer wieder, um sie besser zu verstehen. Das kannst du auch tun. Wenn man etwas sammelt, fängt man eigentlich ganz automatisch an, zu ordnen und zu vergleichen. Manche Exemplare findet man schöner als andere, weshalb sie einem besonders wertvoll erscheinen.

Wenn du einige Dinge der gleichen Art zusammenhast, kannst du sie sortieren: nach Farben, nach Größe, nach Gewicht, nach Anzahl der Beine oder was dir sonst sinnvoll erscheint. Wenn du alles geordnet hast, mach zur Erinnerung ein Foto davon!

P wie ▶ Protokollieren
Was haben die folgenden drei Dinge gemeinsam: Um die Wette rennen und die Zeit dabei stoppen. Beim Seilchenspringen zählen, wer mehr Umdrehungen schafft. Jeden Tag messen, wie viel die kleine Feuerbohne schon wieder gewachsen ist. Genau, es geht immer ums Messen und Ergebnisse vergleichen. Schreibt man die Ergebnisse regelmäßig auf, nennt man das Protokollieren. Vielleicht hast du schon mal gehört, dass es heißt: „Dies war der wärmste Mai seit hundert Jahren." Das kann man nur deshalb wissen, weil man die Temperaturen schon so lange aufgeschrieben hat.

R wie ▶ Rumspinnen
Super: Als Forscher darf man richtig verrückte Sachen denken. (Wie etwa auf Seite 123, wenn man übt, von oben auf die Sterne runterzuschauen.) Denn genau so entstehen neue Ideen. Dazu muss man aber auch wissen, dass gerade die besonders fantastischen Einfälle von anderen Menschen nicht immer gleich verstanden werden. Im besten Falle zucken sie nur die Achseln. Manchmal machen sie sich aber auch darüber lustig. Für den Forscher ist es gar nicht so leicht, wenn andere seine Gedanken nicht ernst nehmen. Du selbst kannst zwei Dinge tun, um ein guter Forscher zu werden. Erstens: Verwirkliche deine eigenen Ideen und lass dich nicht verunsichern. Zweitens: Lache nie über andere, die merkwürdige Einfälle haben.

S wie ▶ Sammeln

Man kann alles Mögliche sammeln und vielleicht besitzt du bereits eine eigene kleine Sammlung mit Gegenständen aus der Natur. Eventuell geht es dir dabei sogar um ganz bestimmte Dinge, wie Federn, Zapfen, Steine, Blumen, Blätter oder tote Insekten. Dann weißt du auch schon, dass Sammeln umso spannender wird, je mehr man von dieser Sache hat. Am

besten schafft man dann einen guten Platz für seine Schätze, zum Beispiel in einem Regal. Darin kannst du deine Sammlung so richtig schön präsentieren, fast wie in einem Museum.

T wie ▶ Teamwork

Was sonst im Leben gilt, trifft auch hier wieder fürs Forschen zu: Gemeinsam ist man stärker! Egal, ob es darum geht, eine Bude im Wald oder ein Baumhaus zu bauen, Wasser in einem Bach zu stauen oder ein Picknick im Park vorzubereiten: Im Team mit anderen geht es nicht nur schneller, es macht auch mehr Spaß. Hast du schon einmal überlegt, woran das liegt? Es gibt viele Gründe, aber dies ist der wichtigste: Jeder kann etwas anderes besonders gut. Wenn der eine super zählen, der andere ganz toll malen, der dritte schon schreiben kann und der vierte sich mit Technik auskennt, hat dieses Team mehr Möglichkeiten, eine schwierige Aufgabe zu meistern, als der Einzelne allein. Wann warst du schon im Team erfolgreich?

U wie ▶ Untersuchen

Beim Untersuchen geht man einer Sache gezielt auf den Grund. Und vor allem hat man dabei eine Frage im Kopf: Warum ist das so? Um das herauszufinden, ist es oft ganz praktisch, ein paar Forschersachen zu besitzen. Zum Beispiel eine Lupe, ein Fernglas, Gläser mit Schraubdeckel, eine Rolle Bindfaden, Papier, Stifte, eine Stoppuhr, einen Zollstock oder ein Maßband, eventuell eine Waage. Alle diese Dinge können nämlich das Untersuchen erleichtern: Mit Lupe und Fernglas sieht man mehr als mit dem bloßen Auge. Mit Stift und Papier kann man Beobachtungen aufmalen oder -schreiben. Zollstock, Maßband und Waage braucht man, um Längen und Gewichte herauszufinden.

V wie ▶ Vergleichen

Schau mal die beiden Federn genau an. Was ist gleich? Was ist verschieden? Was du jetzt gerade machst, das ist Vergleichen! Wichtig ist dabei, dass man immer das miteinander vergleicht, was zu einer Art gehört. Also: Federn mit Federn, Vogeleier mit Vogeleiern und so weiter. Für das Erforschen von „Warum ist es im Winter kalt, auch wenn die Sonne scheint?" auf Seite 16 misst man  zum Beispiel zweimal die Temperatur, um sie zu vergleichen. Das ist echtes Forschen, weil der Vergleich beweist, dass es wirklich stimmt, was man sich vorher überlegt hat.

W wie ▶ Warten

Hand aufs Herz: Kannst du gut warten? Zum Beispiel auf deinen Geburtstag? Auf die Ferien? Auf den ersten Urlaubstag? Oder bis deine Freunde nachmittags zum Spielen kommen? Warten auf ein tolles Ereignis ist nicht leicht, aber es lohnt sich meistens. Das gilt auch beim Forschen. Da gibt es genauso das Warten auf etwas Bestimmtes. Wie etwa darauf, was daraus wird, wenn man ein paar unbekannte Samen in die Erde steckt. Daneben gibt es aber noch eine andere Art des Wartens: nämlich auf die richtige Idee. Die hat man lustigerweise oft genau dann, wenn man gar nicht über das Problem nachdenkt, sondern gerade eine Denkpause macht. Hast du das auch schon mal erlebt?

Z wie ▶ Zweifeln

Stell dir einmal vor, es sagt jemand zu dir: „Es gibt ein Land, in dem immer die Sonne scheint." Würdest du das glauben? Vermutlich ja, wenn du schon mal von Wüsten gehört hast. Und wenn nicht? Dann wäre es weit schwieriger, oder? Was man nicht kennt, kann man sich meist schwer vorstellen und deshalb zweifelt man eher daran. Das ist auch gut so, weil es einen dazu bringt, die Sache selbst zu überprüfen. Denn was du mit deinen Augen gesehen, deinen Ohren gehört und deiner Nase gerochen hast, das sind Erfahrungen, von denen du weißt: So ist es! Jeder Zweifel kann daher ein Anstoß dazu sein, herauszufinden, ob etwas wahr ist – und schon geht's mit dem Forschen los!

Damit es beim Forschen was wird, braucht man oft viele Ideen, viele Köpfe und viele Hände. Beim Büchermachen auch. Und bei einem Buch übers Forschen trifft das daher gleich doppelt zu. Selbst wenn man es zu zweit macht wie wir. Deshalb:

▶ Ganz vielen Dank an Petra Stockhausen, die so viele wunderschöne Fotos zu den Versuchen gemacht hat und auch dann die gute Laune nicht verlor, als Licht und Schatten sich erst einmal nicht fotografieren lassen wollten (zumindest nicht so, wie wir uns das vorstellten).
▶ Danke an Freerk Heinz für so viel geteiltes Fachwissen, genaues Lesen, Mitforschen, Gedankenmachen.
▶ Danke an Thekla Ehling für so viel unkomplizierte Unterstützung.
▶ Danke an Frederic Lezmi für farbechten Beistand und gefühlte 100 Kilometer.
▶ Danke an Antje Neumann, die uns die Springschwänze ans Herz gelegt hat.
▶ Danke an Kathrin Sebastian, die dem Schimmel in der Küche ein schönes Forschererlebnis abgewinnen konnte.
▶ Danke an Christine Brasch, die über Skype gute Ideen, die richtigen Worte und notfalls auch Kaffee schicken kann.
▶ Danke an Beatrice Wallis für offene Ohren und Augen, also ein Lektorat im besten Forschersinne.
▶ Danke an Julia Rissler für einen scharfen Blick auf Bildqualitäten und Terminpläne.
▶ Danke an Susanne Koppe für Rat und Tat bei Zahlen und §§.
▶ Danke an Tula fürs Schöne-Augen-Machen und Über-die-Wiese-Laufen mit Zoe. Danke, Zoe!
▶ Danke an Carla, Flora und Linda für sechs fantastische Forscherhände!
▶ Dankedankedanke an Greta fürs unermüdliche Turnen. Wer's nachmachen will, kann's ausprobieren: Es ist nämlich überhaupt nicht leicht, wie ein „R" zu stehen und dabei auch noch zu lächeln!
▶ Danke für so viel Supervielgeduld an Jesse, Marie Fee, Siri und Levin, die selbst dann mitgeholfen haben, wenn sie eigentlich etwas Besseres vorhatten.

Daaaaanke!

Impressum

www.beltz.de
© 2011, 2021 Beltz & Gelberg
in der Verlagsgruppe Beltz
Weinheim · Basel
Werderstraße 10, 69469 Weinheim
Alle Rechte vorbehalten
Druck und Bindung: Beltz Grafische
Betriebe, Bad Langensalza
Printed in Germany
ISBN: 978-3-407-75879-8
1 2 3 4 5   25 24 23 22 21

Text, Konzept und Idee:
© ANKE M. LEITZGEN
www.tinkerbrain.de

Art Direction, Illustration, Fotografie:
© LISA RIENERMANN
www.lisarienermann.com

vermittelt durch die Agentur
SUSANNE KOPPE, Hamburg
www.auserlesen-ausgezeichnet.de

Bild- und Literaturnachweis

Alle Bilder © Lisa Rienermann
außer:
- Petra Stockhausen; *Seiten 19, 22, 23, 34, 35, 47, 51, 71, 79, 83, 95, 114, 130 (Versuchsaufbauten) www.petrastockhausen.de*
- Anke M. Leitzgen; *Seiten 18, 45, 50, 110, 123, 133*
- Thekla Ehling; *Seiten 8, 118, www.thekla-ehling.de*
- Luis Nunes Alberto; *Seite 38 (Storch)*
- Peter Fenge / pixelio.de; *Seite 39 (Zugvögel)*
- Wolf & Marg / pixelio.de; *Seite 38 (Graugans)*
- Michael K. Oliver; *Seite 125*
- Heinz & Anni Grollmann; *Seite 120*
- Illustrationen auf den Seiten 38, 39 *(Schilfrohrsänger, Kuckuck)* aus: „Animals. 1.419 Coyright-Free Illustrations of Mammals, Birds, Fish, Insects etc.", Dover Publications, 1979

- *„Mit Erbsen und Zahnstochern zur Mathematik",* Martin Kramer, *Beltz Verlag, 2011*
- *„Waldfühlungen",* Antje Neumann, Burkhard Neumann, Kasia Sander, *Ökotopia Verlag, 2009*
- *„Ludwig, die Dinge und ich",* Helmut Schreier, *Kallmeyer Verlag, 2004*

Lisa Rienermann

experimentiert gern mit Schriften, baut Buchstaben aus toten Insekten, rostigen Sachen oder Leinsamen. Sie liebt es, herauszufinden, wie etwas funktioniert; geht gerne auf Alltagsentdeckungstouren; beobachtet gerne fliegende Vögel; sucht Spuren im Schnee; sortiert Sachen nach Farben und betreibt Gestaltung wie ein großes Experiment. Dazu gehört es, dass sie erkundet, welches Land hinter „Das-haben-wir-immer-schon-so-gemacht" liegt. Sie erforscht die Schönheit in kleinen Dingen; will immer neugierig bleiben und bastelt auch mal aus echten Fischen einen Blumenstrauß. Und aus solchen Sachen mit tollen Mitforschern ein Buch zu machen, macht sie überhaupt am allerliebsten.
▶ www.lisarienermann.com

Anke M. Leitzgen

wundert sich gern. Über die Gesichter auf den Flügeln mancher Schmetterlinge. Über das Glitzern der Sonne in den Tautropfen. Über Dinge, die nicht tun, was man von ihnen erwartet: etwa Kleber, der nicht klebt. Und über Dinge, die tun, was man nicht von ihnen erwartet: wie zum Beispiel Milch, die überkocht, während das mit Wasser nie passiert. Wundern ist aber immer nur der Anfang. Richtig spannend wird es, wenn man erforscht, warum etwas so und nicht anders ist. Deshalb hat Anke dieses Buch für alle geschrieben, die gern forschen. Und auch ein bisschen für sich selbst.
▶ www.tinkerbrain.de